내 안의 빛을 찾아

ANSELM GRÜN
INSELN IM ALLTAG: Benediktinishe Exerzitien

© 2021 by Vier-Türme GmbH, Verlag, Münsterschwarzach Abtei, Germany
All rights reserved.

Translated by CHA Yoon Seok
Korean translation copyright © 2024 by Benedict Press, Waegwan, Korea.
Korean translation rights arranged with Vier-Türme GmbH, Verlag
through AVA international GmbH, Germany.

내 안의 빛을 찾아
베네딕도회 피정

2024년 1월 19일 교회 인가
2024년 2월 1일 초판 1쇄

지은이	안셀름 그륀
옮긴이	차윤석
펴낸이	박현동
펴낸곳	성 베네딕도회 왜관수도원 ⓒ 분도출판사
찍은곳	분도인쇄소
등록	1962년 5월 7일 라15호
주소	04606 서울시 중구 장충단로 188 분도빌딩(분도출판사 편집부)
	39889 경북 칠곡군 왜관읍 관문로 61(분도인쇄소)
전화	02-2266-3605(분도출판사) · 054-970-2400(분도인쇄소)
팩스	02-2271-3605(분도출판사) · 054-971-0179(분도인쇄소)
홈페이지	www.bundobook.co.kr
ISBN	978-89-419-2404-3 03230

이 책의 한국어판 저작권은 AVA international GmbH, Germany (www.avainternational.de)를
통해 Vier-Türme GmbH, Verlag와 독점 계약한 분도출판사에 있습니다.
저작권법에 의해 한국 내에서 보호를 받는 저작물이므로 무단 전재와 무단 복제를 금합니다.

이 책의 본문 종이는 FSC® 인증을 받은 친환경 용지를 사용했습니다.

내 안의
빛을 찾아

베네딕도회 피정

안셀름 그륀 지음
차윤석 옮김

분도출판사

○ **차례**

들어가는 말　7

베네딕도회 피정　23

정화의 길　29

　나탄이 다윗을 꾸짖다　39
　2사무 12,1-9

　예수님이 죄 많은 여자를 용서하시다　48
　루카 7,36-50

　성전에서 장사꾼들을 내쫓으시다　56
　요한 2,13-22

　가라지의 비유　67
　마태 13,24-30

조명의 길　75

　그리스도의 영광스러운 변모　83
　루카 9,28-36

　눈의 조명　95
　루카 11,33-36

모든 것이 빛으로 밝혀집니다   103
에페 5,8-14

하느님이 우리에게 빛을 비추셨다   112
2코린 3,18과 4,5 이하

일치의 길   121

카나의 혼인 잔치   130
요한 2,1-12

하나가 되는 식사   143
루카 14,15-24

아버지와 아들처럼 하나가 되다   151
요한 17,21-23

하나인 몸과 많은 지체   162
1코린 12,12-27

나가는 말   171

참고문헌   177

들어가는 말

오늘날 사람들이 피정을 이야기할 때, 그것은 대개 영신수련을 뜻합니다. 영신수련은 예수회 창설자인 로욜라의 이냐시오 성인이 창안하여 널리 퍼진 것을 말하지요. 많은 피정 지도자와 수련자가 이냐시오 성인이 제시한 일정한 틀을 따릅니다. 하지만 구체적 상황에 따라 피정 프로그램을 조정하기도 합니다. 이냐시오 성인이 제시하는 영신수련은 30일 동안 진행됩니다. 오늘날에도 예수회원들은 수도 생활 동안 이 원형대로 여러 차례 수련합니다. 예수회원이 아닌 분들은 오늘날 대부분 일주일 일정으로 수련합니다. 그러면 원래 일정이 세분화되어 일주일에 맞게 단축됩니다.

저는 우리 수도회에는 그와 비슷한 베네딕도 수련 같은 것은 없느냐는 질문을 자주 받아 왔습니다. 여태껏 저는 없다고 대답했습니다. 그러다가 새로운 실마리를 하나 찾았습니다. 최근 몇 년 동안 여러 문헌에서 다음과 같은 사실이 반복적으로 지적되었습니다. 이냐시오 성인이 영신수련에 관한 책을 저술할 때 몬세라트의 개혁 수도원장인 가르시아 히메네즈 데 시스네로스(1455년~1510년) 아빠스가 쓴 글에서 영향을 크게 받았다는 것입니다. 이미 1607년에 스페인의 예수회원이자 이냐시오 성인의 전기 작가인 페드로 데 리바데네이라가 프란시스코 지론에게 보낸 편지에서 다음과 같이 썼습니다.

"이는 오래전부터 몬세라트의 신부님들 사이에서 아주 잘 알려진 일입니다. … 몬세라트에서 우리의 복되신 이냐시오 사부가 가르시아 히메네즈 데 시스네로스 신부의 책 또는 『수련서』*Exercitatorio*를 알고 있었고, 처음에는 그분이 기도와 묵상하는 데 이 책을 활용했습니다. 장 샤농 신부가 그분을 지도하고 그 책에서 몇 가지를 가르쳤습니다. 그 뒤 사부가 당신 책을 저술하고, 책 제목을 지을 때, 가르시아 신부의 책에서 제목을 따서 『영신수련서』*Ejercicios Espirituales*라고 지었습니다"(Steinke, 39의 인용문. 자세한 내용은 Stephan Hecht

의 책 서문에 인용된 García Jiménez de Cisneros, *Exerzitien des geistlichen Lebens. Exercitatorio de la vida spiritual,* 15 이하 참조).

당시 이 베네딕도회 개혁 수도원장의 『수련서』 요약본인 『영적 수련에 관한 개요』*Compendio breve de ejercicios espirituales*가 널리 보급되었습니다. 예수회의 요하네스 슈타인케 신부는 앞서 인용한 그의 책에서 로욜라의 이냐시오 성인이 주로 이 요약본을 사용했다는 사실을 입증했습니다. 이냐시오 성인의 표현 가운데 일부는 가르시아 히메네스 데 시스네로스 아빠스의 본문을 차용한 것입니다. 그렇지만 이냐시오 성인은 그 책에서 완전히 새로운 것을 창조해 냈습니다. 시스네로스 아빠스의 수련서는 수도승을 대상으로 삼았지만, 이냐시오 성인은 예수회원뿐 아니라 영성의 길을 따르고자 하는 모든 그리스도인을 대상으로 삼았습니다.

이냐시오 성인에게 중요한 주제는 어떤 인생을 살 것인가 선택하는 것입니다. 그 결정에 이르는 과정이 영신수련입니다. 가장 좋은 경우는 자기만의 방식으로 예수님을 따르고, 봉사함으로써 하느님에게 영광을 돌리는 것입니다. 시스네로스 아빠스에게는 하느님을 좀 더 깊이 체험하는 것이 중요했습니다. 그는 그리스도교 신비주의의 세 가지 길인 정화의 길, 조명의 길, 일치의 길을 말합니다. 앞서 언급했듯이, 시스네로스 아빠스의 수련서는 수도승을 대상으로 한 것입니다. 그러나 하느님을 경험하면서 성장하는 길은 원래 모든 이가 갈 수 있습니다.

슈타인케 신부는 그의 책에서 시스네로스의 수련서는 과거 속으로 잊혔지만, 이냐시오 수련법은 왜 널리 퍼졌는지 그 이유를 묻습니다. 이냐시오 성인은 "인생 항로에 대한 선택과 세상을 향한 선교를 위한 하느님의 개별적인 뜻을 발견하는 것"에 초점을 두었다고 그는 말합니다(Steinke, 49). 시스네로스 아빠스는 중세의 신비주의적인 방법에 머물러 있지만, 이냐시오 성인은 오늘날의 사람들을 향해 있다는 것입니다. 저는 이런 식의 대립을 그냥 받아들이고 싶지는 않습니다. 우선, 현대의 개인주의 그림자가 우리에게 분명해졌습니다. 오늘날 우리는 인간을 공동체를 추구하고, 관계에 기초한 존재 이상이라고 이해합니다. 시스네로스 아빠스는 공동체에 사는 수도승들을 대상으로 합니다. 우리 시대의 신앙은 개인과 공동체를 어떻게 다시 결속시키느냐가 관건입니다. 저는 아시아에서 영성 생활의 공동체적 특성이 더 확고하게 자리 잡고 있음을 직접 경험했습니다. 개인주의는 전형적으로 유럽적이며, 지난 50년 동안 이곳 유럽에서 그 한계에 봉착했습니다.

다른 한편으로 제게 신비주의는 중세적인 것이 아닙니다. 특히 지난 수십 년 동안 유럽에서 신비주의를 향한 새로운 전환을 볼 수 있습니다. 가톨릭 신학자이자 종교학자인 요제프 베른하르트는 인간의 신비를 "모든 실재의 궁극적이고 전체적인 것에 대한 갈망과 열망"으로 봅니다(Bernhart, 906). 그는 "인간 너머를 지향하는 것이 인간 본성의 일부"라고 확신합니다(Bernhart, 907). 신비주의자는 "우리의 깊은 인격의 실재, 우리 자아의 근원, 그것을 피하는 것은 인간의 파멸과 다름없는 모든 확신이 있는 곳"에 관심을 둡니다(Bernhart, 908). 베른하르트가 그리스도교 신비주의에 관한 연구를 통해 내린 결론을 오늘날 자아초월심리학에서도 유사하게 찾아볼 수 있습니다. 이런 경향의 대표자인 에이브러햄 매슬로에게 영적 개방성과 신비는 인간에게 반드시 필요합니다. "그것이 없으면 인간 본성은 완전한 인간 본성이 아니다. 그것은 참된 자기, 정체성, 인간의 핵심에 속한다"(Maslow, 147).

신비주의를 세상과 동떨어진 어떤 것으로 이해해서는 안 됩니다. 신비주의는 순전히 영적인 길도 아니고, 하느님을 더 많이 경험하는 길도 아닙니다. 신비의 길에는 심리적 차원도 있습니다. 그 길은 사람을 온전함으로 이끕니다. 성장하며 자기 됨을 이루는 길이라 할 수 있고, 동시에 치유의 길이기도 합니다.

이냐시오 영신수련의 핵심 질문은 이것입니다. "하느님이 내게 무엇을 원하시는가? 나는 어떻게 그분의 뜻을 알고 따를 수 있는가?" 베네딕도회 피정의 핵심 질문은 조금 다릅니다. "나는 하느님을 어떻게 찾고 체험할 수 있는가? 하느님께서 창조하신 나만의 고유한 형상인 '참된 자기'를 어떻게 찾을 수 있는가?" 그리고 "어떻게 내가 건강해질 수 있을까?" 신비주의의 길은 항상 우리를 건강과 내면의 자유로 이끌고자 하는 치유의 길이기도 합니다. 이때 중요한 것은, 예수님의 영이 우리를 점점 더 정화하고 밝아지게 하는 것, 그리스도를 통하여 하느님과 우리 내면의 자아가 하나가 되는 것, 일치를 이루는 것입니다.

저는 베네딕도회의 길이 오늘날 많은 사람에게 확실히 매력적인 길임을 거듭해서 인식하고 있습니다. 이는 오늘날 많은 지도자가 우리의 영성에 관심을 두고 있다는 점에서 저에게 특히 분명하게 드러납니다. 우리가 어떻게 공동체 안에서 영적인 길을 걸어갈 수 있는지가 핵심입니다. 그리고 이 영적인 길이 우리를 세상에서 벗어나도록 이끄는 것이 아니라는 것은 분명해집니다. 그 길은 오히려 세상 안으로 들어가 더 의식적인 인간 존재와 성숙한 자아로 인도하고자 합니다.

따라서 우리가 베네딕도회 전통을 배경으로 시스네로스 아빠스의 피정 방법을 현대 언어로 표현하는 데 성공한다면, 오늘날 많은 사람에게 방향을 제시할 수 있을 것입니다. 삶의 길을 선택하는 것과 세상 안에서 개인적 소명이 무엇인지 하느님의 뜻을 식별하는 것은 예나 지금이나 그리스도인에게 중요한 주제입니다. 하지만 하느님이 우리에게 의도하신 고유한 모습으로 점점 더 성장할 수 있는 길을 찾고자 하는 열망도 그만큼 강합니다. 신비주의의 길은 이냐시오가 시작한 '당위'에서가 아니라 '존재'에서 시작됩니다. 그래서 신비주의적 시각은 우리가 무엇을 해야 하는지가 아니라 우리가 누구인지를 먼저 묻습니다.

신비주의의 길은 궁극적으로 그리스철학을 따릅니다. 그리스철학은 우선 '인간이란 누구이며 무엇인가?'라는 질문을 중요시합니다. 그런 다음 어떤 행동이 인간으로서 본성에 부합하는지 묻습니다. 인간이 온전해지고 하느님에 대한 경험이 커짐으로써 이 세상을 변화시키는 새로운 행동이 쏟아져 나옵니다. 베네딕도회의 모토인 "기도하고 일하라"(ora et labora)에서 '기도'와 '노동'이 이유 없이 결합된 것이 아닙니다. 기도가 세상을 일구어 나가는 과정에서 표현되길 원했던 것입니다.

이냐시오 성인이 제시하는 영신수련 일정은, 수련자가 30일을 따로 시간을 내서 매일 다섯 번 한 시간의 기도와 묵상을 위한 시간을 정합니다. 이와 달리 시스네로스 아빠스는 수도승이 삶의 리듬을 계속 유지할 수 있는 방식으로 피정을 계획합니다. 하지만 첫 주에는 하루의 첫 기도인 독서기도 후 한 시간 수련하고, 그다음 주에는 하루의 마지막 기도인 끝기도 이후 한 시간 수련합니다. 따라서 피정이 일상생활 속에 들어 있습니다. 그러나 원칙적으로 베네딕도회 피정의 구조를 통해 다음의 두 가지가 모두 가능합니다. 일주일을 따로 시간을 내어 혼자 또는 영적 지도자와 함께 침묵 중에 영적 수련을 할 수 있습니다. 또는 일상생활을 하면서 매일 한 시간을 정해 기도나 묵상에 전념할 수 있습니다. 사순절이나 대림절이 일상생활 속에서 피정하기에 좋은 시기입니다. 이런 방식으로 베네딕도회 피정은 모든 그리스도인에게 자기 신앙을 굳건히 하고 자기 됨의 길로 나아가는 기회가 됩니다.

오늘날 많은 영적 스승은 피정을 위해서는 영적 지도자가 필요하다고 가르칩니다. 지도해 줄 사람이 있으면 분명 도움이 됩니다. 하지만 저는 영적 동반자에게 의존할 위험도 있다고 생각합니다. 그리고 때로 자신도 모르게 지도자가 권력을 휘두르는 것을 허용하기도 합니다. 하느님과 함께, 하느님을 향해 가는 길을 스스로 찾을 만큼 자신이 성숙하지 않다는 사실을 다른 사람에게 분명히 인정하는 걸 전제로 하기 때문입니다. 물론 옛날 수도 생활에서는 경험이 풍부한 스승의 영적 지도가 중요했습니다.

하지만 오늘날에는 개인이 하느님과 또 성경 본문과 만나면서 자기만의 길을 찾도록 격려하는 게 중요합니다. 저는 베네딕도회 피정이 누구나 자기 내면에 지혜를 가지고 있다는 신뢰의 분위기를 발산한다고 생각합니다. 이것은 영적 지도자에 의해 일깨워질 수 있습니다. 그러나 우리가 성경 본문에 빠져들거나 성경 본문이 우리를 이끄는 대로 연습해 보면서 성경과 친밀해질 수도 있습니다.

초기 수도승들은 개인이 자기 삶을 어떻게 이해하고 받아들여야 하는지에 대한 이론적 설명을 잘해 주지 않았습니다. 그저 훈련을 하라고 할 뿐이었습니다. 수년 동안 수련하기도 했습니다. 수도승들은 그렇게 하면 인생이 바뀔 것이라고 확신했습니다. 예를 들어,

인기 있던 훈련 중 하나는 "가서 침묵하고, 다른 사람과 비교하지 마라"라는 문장이었습니다. 이러한 구체적인 훈련을 일 년 동안 실천하는 사람은 참자아를 향한 길, 하느님에게 나아가는 길에서 내적 변화를 경험하게 된다는 것입니다.

시스네로스 아빠스와 이냐시오 성인의 두 수련서에는 많은 지혜가 담겨 있습니다. 하지만 오늘날 우리는 그들의 언어와 방법을 우리 시대에 맞게 재해석해야 합니다. 예를 들어, 지옥과 죄에 대한 지나치게 자세하고 집중적인 설명은 우리에게 생소합니다. 오늘날 많은 사람이 예전보다 더 이냐시오 영신수련을 신비주의 관점에서 해석합니다. 그들에게는 이냐시오에게 중요했던 인생 항로에 대한 선택이나 개인의 삶에서의 결정이 아니라 하느님 체험이 더 중요합니다.

저는 시스네로스 아빠스의 수련을 초기 수도승의 경험과 결합하고, 이 수련이 신비주의의 길을 온전함과 자기 됨을 향한 영적 길로 이해한 방법을 통해 오늘날에 맞게 변형하고자 합니다. 그러므로 신비주의의 길에는 근본적으로 심리학적 차원이 있습니다.

신비주의 전통 덕분에 시스네로스 아빠스는 정화의 길, 조명의 길, 일치의 길이라는 세 가지 길을 알고 있었습니다. 심리학의 용어로 표현하면, 우선 정화의 길에서는 감정의 정화와 질병을 일으키는 삶의 패턴에서 벗어나는 것이 중요합니다. 조명의 길에서는 사람의 생각을 밝혀서 자신과 하느님에 관하여 점점 더 분명하게 알게 됩니다. 일치의 길은 하느님과 하나가 되도록 이끌 뿐만 아니라, 자신, 피조물, 모든 사람과 하나가 되도록 이끕니다. 나 자신과 하나가 된다는 것은 나의 어두운 면, 내 아픔과 상처와 하나가 된다는 뜻이기도 합니다. 그래서 치유의 길입니다. 하지만 그것은 단순히 내 개인의 치유에 관한 것일 뿐 아니라, 다른 사람, 자연과의 새로운 교제 방식에 관한 것입니다.

따라서 신비주의의 길은 추상적이고 세상에서 벗어나는 길이 아니라 모든 사람과 더 깊은 일치로 이끄는 길입니다. 초기 수도승들은 이미 이렇게 이해했습니다. 4세기의 수도승 폰투스의 에바그리우스는 그 길에 관해 다음과 같이 씁니다.

"수도승은 모든 것과 분리된 사람이면서도 모든 것과 연결되어 있다고 느끼는 사람이다"(*Über das Gebet*, 124항). "수도승은 자신이 모든 사람과 하나임을 안다. 그는 모든 사람에게서 자신을 늘 발견하기 때문이다"(*Über das Gebet*, 125항).

따라서 신비주의의 길을 통해 인간은 도덕적 당위가 아니라 존재에서 비롯된 더 깊은 형태의 연대감을 느낄 수 있습니다.

그래서 저는 이 책에서 시스네로스 아빠스가 그의 수련에서 제안한 세 가지 길에서 출발하되, 각각의 길을 성경 본문을 예로 들면서 해석하겠습니다. 또한 각 장 끝에 개인적으로 묵상이나 수련을 할 수 있는 방법을 제시하겠습니다. 누구나 자신에게 맞는 구체적인 수련 형태를 정할 수 있습니다. 예를 들어, 사순절이나 대림절에 일상생활을 하면서 피정을 할 수 있습니다. 아니면 토요일이나 주일에 시간을 내어 성경 본문을 읽고 그에 상응하는 묵상을 하십시오. 그런 다음 한 주 내내 그 글을 마음속에 품고, 성경 해석이 끝날 때마다 제안하는 짧은 묵상을 매일 반복하십시오. 그렇게 하면 당신의 영적 생활이 깊어지고 하느님과 자신에게 가는 길에 진전을 이룰 것이라 믿어도 됩니다.

이런 피정을, 예를 들어 "일상생활 속 피정"처럼 그룹을 만들어 할 수 있습니다. 사순 시기 동안 일주일에 한두 번 모여서 성경 본문 읽기와 묵상을 함께해 보는 겁니다. 다음번에는 경험을 서로 나눕니다. 그런 다음 다 함께 본문을 읽고 묵상하면서 서로를 격려합니다. 이렇게 하면 공동체의 지지를 받는다고 느낄 수 있고, 다른 사람이 성경 본문을 어떻게 읽고 묵상했는지 나눌 수 있습니다. 이렇듯 피정은 일상생활 속에서 할 수 있을 뿐 아니라 일상생활로 이어집니다. 이런 피정은 새로운 방식으로 신앙이 일상에서 체현되도록 도울 것입니다.

베네딕도회 피정

○

베네딕도회 피정은, 베네딕도회 영성이 그렇듯, 이상을 꿈꾸지 않습니다. 말하자면, 우리에게 하느님의 뜻대로 살라고 집요하게 요구하지 않습니다. 일상생활에서 실천할 수 없는 허울 좋기만 한 계획을 매번 세우는 것이 아닙니다. 오히려 사람의 변화, 궁극적으로 그들이 온전해지는 것이 중요합니다. 모나고 날선 성격, 단점과 재능, 이 모두를 지닌 자기 자신을 있는 그대로 받아들이는 것도 포함됩니다.

또한 하느님과의 관계 속에서 성장하는 것이 중요합니다. 여기서는 하느님을 체험하는 신비가 핵심인데, 이는 정화, 조명, 일치를 통해 가능합니다. 하지만 이런 신비의 경험에 이르는 길에는 전적으로 우리의 행동이 필요합니다. 우리의 경험과 욕정을 다룰 때 모든 혼탁함에서 우리 자신을 깨끗이 해야 합니다. 조명의 길에서 우리는 우리 안에 억압되고 숨겨진 모든 것을 드러내 하느님의 사랑과 빛 안에 놓아둡니다. 일치의 길에서는 하느님의 사랑이 자신에게 스며들게 하는 것이 중요합니다. 그래야 다른 사람들과의 관계에서 사랑이 넘치는 행동을 할 수 있습니다. 그러나 무엇보다 이 길에서는 하느님 체험이 커지고 자기 자신이 되는 것이 중요합니다.

예수님이 산상 설교 끝에 하신 말씀은 우리에게도 적용됩니다. "그러니 여러분의 하늘의 아버지께서 완전하신 것같이 여러분도 완전해야 합니다"(마태 5,48). 완전하다는 것은 흠이 없고 완벽하다는 뜻이 아니라 온전하게 되는 것, 자기 자신과, 또 하느님과 하나가 되는 것을 뜻합니다. 마태오 복음사가에게 이것은 사랑 안에 있는 것, 자신을 온전히 내어 줄 수 있는 것을 뜻합니다. 하느님을 경험하는 사람은 누구나 그분의 사랑에 참여합니다. 그래서 루카 복음에서 예수님은 "여러분의 아버지께서 자비로우신 것같이 여러분도 자비롭게 되시오"(루카 6,36)라는 문장으로 설교를 마치십니다.

'자비로운'으로 번역되곤 하는 그리스어 '오이크티르몬'*oiktirmon*은 원래 '공감하다'라는 뜻입니다. 정화의 길, 조명의 길, 일치의 길에서 하느님과 사람과 하나가 된 사람은 모든 사람에게, (불교에서 더 나아가는 것처럼) 식물과 동물에게, 온 우주에게서 사랑을 느낍니다. 하느님의 본성은 공감하는 사랑입니다. 베네딕도회 피정에서는 하느님의 공감하는 사랑에 참여하고, 그리하여 자기 자신과, 사람들과, 하느님과 점점 하나가 되는 것이 중요합니다.

베네딕도회 피정은 수도자들이나 특출하게 영적인 사람들만을 위한 길이 아닙니다. 이 길은 모든 구도자에게 길을 나서고 이 길에서 인간적으로 성장할 기회를 제공합니다. 정화, 조명, 일치는 인간이 자기 자신이 되는 길인 동시에 하느님을 체험하는 길이기 때문입니다. 베네딕도회 영성에서 하느님에게 가는 길과 자기 자신에게로 가는 길은 서로 긴밀히 연결되어 있습니다.

베네딕도회의 길은 오늘날 많은 사람의 갈망을 말합니다. 충만한 삶, 의미 있는 삶에 대한 갈망이며, 무엇보다 하느님과 일치하는 삶에 대한 갈망입니다. 그 삶은 어떠한 요구들로 이루어지는 것이 아니라 변화의 약속으로 이루어집니다. 우리가 이해할 수 없는 하느님의 신비에 점점 더 우리 자신을 열어 인간 존재의 신비를 느끼는 변화입니다. 인간 존재의 충만함과 인간의 온전함은 하느님을 향해 더욱 더 마음을 열 때 이루어집니다. 하느님께서 우리 안에 있는 모든 것을 꿰뚫고 비추고 일치시키실 때 우리는 그분이 의도하신 고유한 사람이 됩니다. 그러면 근원적이고 순수하고 더럽혀지지 않고 훼손되지 않은 하느님의 형상이 우리 안에서 빛을 발합니다. 그 빛을 환히 밝히면, 우리 주변 사람들에게도 빛을 비출 수 있습니다. 그러면 우리는 다른 사람들에게 축복이 됩니다.

정화의 길

가르시아 히메네스 데 시스네로스 아빠스는 자기 죄를 고백하고, 그 죄에 대해 통회하거나 자기 죄로 하느님이 얼마나 슬퍼하실지 상상하면서 피정을 시작합니다. 그는 독자나 정화의 길을 가려는 사람들에게 비슷한 것을 해 보라고 권합니다. 다음 단계는 최후의 심판과 최종적으로 연옥과 지옥의 고통을 상상하는 것입니다. 하지만 이런 방법은 그 시대의 신앙과 신앙의 방식을 반영한 것으로, 오늘날 우리가 할 수 있는 피정의 방법은 될 수 없습니다.

초기 수도승들이 설명하는 방법이 오히려 지금 우리에게 더 와닿습니다. 4세기의 가장 중요한 수도승 저자 중 한 사람인 폰투스의 에바그리우스는 영적 길을 "욕정이 자리한 영혼의 한 부분을 정화하는 것을 목표로 삼은 영성 방법"이라고 이해합니다(*Über das*

Gebet, J. E. Bamberger의 책 서문, 11). 열정의 정화 또는 수도승들이 로기스모이*logismoi*라고 말하는 '감정적 사고 또는 사고 체계'의 정화는 우리가 개인의 욕구에 직면해 그것을 분석하고 그 안에서 숨어 있는 긍정적인 힘을 그 안에서 마찬가지로 발견되는 파괴적인 힘과 구별해 냄으로써 가능해집니다. 우리는 긍정적인 힘을 우리 삶에 통합하고, 부정적인 힘에서 벗어나야 합니다. 하지만 이때 감정과 욕정의 정화뿐 아니라 우리 삶을 어둡게 하는 투사投射의 정화도 중요합니다. 그리고 꿈속에서 우리에게 나타나는 것과 같은 무의식적인 이미지의 정화도 중요합니다. 무의식 속 이미지가 우리 사고와 행동을 특징짓습니다. 그러므로 영혼 깊숙한 곳에서의 정화, 영의 깊숙한 곳에서의 변화가 필요합니다.

영혼 깊은 곳에 이르러 정화의 길에 첫걸음을 내딛는 방법 중 하나는 침묵입니다. 여러 수도원에서 장기 또는 단기로 침묵 피정이 행해졌습니다. 침묵 속에서 우리는 우리의 진실과 마주합니다. 이 진실을 견뎌 낼 때 내적 정화가 이루어집니다. 내면의 정화를 위한 전제 조건은 우리가 자신을 견뎌 내는 것 또는 자기 자신과 함께 견뎌 내는 것입니다.

유명한 사막 교부 중 한 사람인 모세 압바는 혼란스러운 생각과 감정을 잘 다스리지 못하는 한 젊은 수도승에게 이렇게 조언합니다. "가서 독방에 앉아 있으시오. 그러면 독방이 모든 것을 가르쳐 줄 것입니다"(『사막 교부들의 금언』 모세 6). 내면의 혼돈에서 도망치지 말고, 몸을 바쁘게 움직임으로써 도피하지 마십시오. 그 혼돈을 견디며 자기 자신과 독방에 머무르십시오. 그런 사람은 내적 정화를 경험하고 자신의 진실을 만날 것입니다. 그러면 그는 이 진실을 하느님께 바칠 수 있습니다. 독방에서 자기 안에서 일어나는 온갖 것에 하느님의 영이 스며들고 생명을 방해하는 모든 세력을 하느님께서 정화해 주실 것을 믿기 때문입니다.

따라서 정화의 길은 도덕적인 길이라기보다 심리적인 길에 가깝습니다. 하지만 초기 사막 수도승들에게는 우선 영적인 길이었습니다. 이 정화의 길은 '아파테이아'*apatheia*를 목표로 삼습니다. 내면의 깊은 평화의 상태, 욕정으로부터의 내적 자유를 그리스인들은 아파테이아라고 했습니다. 에바그리우스에게 아파테이아는 영혼의 건강을 나타내는 지표입니다. 에바그리우스의 글을 라틴어로 옮긴 요한 카시아누스는 '마음의 순수함'(puritas cordis)을 이야기합니다. 그에게 순수한 마음은 사랑으로 가득한 마음입니다. 마음의 순수함이란 이기적인 동기로 어두워지지 않은 참된 사랑을 가능하게 하는 것입니다.

이런 이유에서 그리스 교부들은 예수님의 참행복 선언을 좋아합니다. "복되어라, 마음이 깨끗한 사람들! 그들은 하느님을 뵙게 되리니"(마태 5,8). 순수한 마음은 하느님을 뵐 수 있는 조건입니다. 욕정이나 자기만의 욕구에 짓눌려 마음이 흐려 있다면, 내 안에서 보고 싶지 않은 것을 하느님께 투사할 것입니다. 예를 들어, 진노하고 벌하시는 하느님에게 나의 억압된 분노, 억제된 욕구를 투사하는 것입니다. 그렇게 하면 하느님을 있는 그대로 인식할 수 없습니다. 그러므로 마음의 정화는 신비주의의 첫걸음입니다. 신비주의는 깨달음을 통해 합일로, 하느님과의 일치로 이끌고자 합니다.

시스네로스 아빠스뿐 아니라 이냐시오 성인도 자기 죄를 깨닫고 회개해야만 정화의 길을 갈 수 있다고 여겼습니다. 하지만 이는 오늘날 우리에게 낯섭니다. 자기 비하처럼 들리고 자기 자신을 비관적으로 바라보는 것 같습니다. 반면에 사막 교부들은 욕정과 관련하여 죄에 대해서가 아니라 악에 관해서 말합니다. 인간 존재를 위협하는 것, 우리를 지배하고 하느님께 가는 우리 길을 막는 '악덕' 또는 '악마'에 관해 말합니다. '죄'는 오늘날 우리 모두에게 어려운 단어입니다. 하지만 원래 '죄'는 나의 욕정이 나를 지배하도록 내버려 두는 상태 그 이상도 그 이하도 아닙니다. 그렇기에 사막의 수도승들은 영적인 길을 이러한 욕정과의 싸움, 투쟁으로 이해합니다. 그들은 욕정의 지배를 받지 않고, 그 욕정을 하느님을 향해 가는 영적 길에 통합하고자 했습니다.

심리학도 정화가 필요하다고 말합니다. 이탈리아 정신과 의사 로베르토 아사지올리의 표현대로 하자면 순화입니다. 그는 동서양의 영성 학교를 차용합니다. "그들은 우리에게 말한다. 위로 올라가려는 사람에게 모든 욕정과 모든 이기적 욕망은 다리에 묶인 쇠구슬과 같다. 즉, 저차원적 힘과 존재에 묶인 노예 상태가 된다"(Assagioli, 183). 그는 모든 이기적 충동이 결국에 우리를 사람들에게서뿐만 아니라 진정한 자아에서 분리한다고 확신합니다. 아사지올리에게 영적 길은 정화뿐만이 아니라 이러한 분리를 극복하는 것이기도 합니다. 따라서 이 길은 다양한 차원의 정화에 관한 것입니다. 금식과 금욕을 통해 몸을 정화하고, 감정과 씨름하여 감정을 순화하며, 하느님 앞에서 우리의 꿈을 직시하고 하느님에게 바침으로써 우리의 상상을 깨끗하게 해야 합니다.

사막 수도승들은 감정과 욕망의 정화를 가장 우선시합니다. 불교와 힌두교에서도 비슷한 사상을 발견할 수 있다는 사실은 무척 흥미롭습니다. 정화의 길에서는 우선 욕구와 감정을 알고 친숙해지는 것이 중요합니다. 그것들을 두려워할 필요가 없습니다. 내가 그것들을 잘 알아야만, 그것들이 나를 통제하지 못하도록 다루는 법을 배울 수 있습니다. 오히려 나는 나의 길에서 욕구와 감정들에 숨겨진 힘을 이용할 수 있습니다. 내 욕구를 끊어 버리면 중요한 에너지원 중 하나를 잘라 버리는 셈이 되기 때문입니다.

심지어 사막 수도승들은 이런 욕구와 감정을 요령껏 다룹니다. 그것들 속에 있는 긍정적인 힘을 자신을 위해 이용하는 동시에, 그러지 않을 때는 그것들에서 나오는 부정적인 에너지에서 자유롭습니다.

수도승들에게 겸손은 욕정에 맞서는 중요한 태도입니다. '겸손'(humilitas: 땅을 뜻하는 humus에서 유래한 단어)은 내면의 혼돈 속으로 침잠하는 용기, 내 안에서 일어나는 모든 것을 받아들이는 용기입니다. 내가 흙에서 왔고 나의 인간적 불완전성을 겸허히 마주한다는 것은 나에 대한 환상과 작별한다는 의미이기도 합니다. 우리는 곧잘 우리가 영적인 사람이고, 우리 자신과 조화를 이루고 있다는 환상에 빠지기 때문입니다. 겸손은 자기 진실을 직시하는 용기입니다.

겸손의 태도는 우리가 우리의 진실을 지나쳐 살고, 우리의 이상에 미치지 못한다는 사실을 성찰하게 합니다. 이 장에서 제가 묵상하는 성경의 이야기들은 거듭해서 죄와 잘못을 저지르며 살지만 자신이 진정 누구인지 성찰하도록 우리를 초대합니다. 하지만 이 이야기들로 여러분이 죄책감을 느끼는 것을 원하지 않습니다. 이 이야기들은 잘못을 반복해 저지르는 사람들에 관해 이야기할 뿐 사람을 판단하지 않습니다. 이 이야기들은 죄책감으로 괴로워하는 걸 바라는 것이 아니라 자기 진실을 직시하도록 격려합니다. 이 이야기들은 아무것도 미화하지 않지만, 실패는 언제나 새로운 시작으로 이어지고, 우리 안에 혼탁한 모든 것이 정화될 수 있다는 희망으로 가득 차 있습니다.

나탄이 다윗을 꾸짖다

2사무 12,1-9

다윗은 왕으로서 자기가 하고 싶고 자기에게 좋은 것은 무엇이든 할 수 있다고 느꼈습니다. 그는 권력의 정점에 있었습니다. 그리고 그 권력이 그를 눈멀게 한 것 같습니다. 어느 날 저녁, 다윗은 왕궁의 옥상을 거닐다가 밧 세바라는 아름다운 여인이 목욕하는 모습을 보았습니다. 그는 그녀를 데려오게 해서 그녀와 잠자리를 같이했고, 그녀가 임신하게 되었습니다. 밧 세바는 히타이트 사람 우리야의 아내였습니다. 그때 우리야는 전쟁터에서 다윗을 위해 싸우고 있었습니다. 다윗은 배 속 아이의 진짜 아버지가 누구인지 숨기려고 아내와 동침하도록 그를 불러들였습니다. 하지만 우리야는 집 밖에 머물며 아내에게 가지 않았습니다. 그래서 다윗은 그를 다시 전쟁터로 보낼 수밖에 없었습니다. 그는 우리야 편으로 전장에 있는 장군 요압에게 서신을 보냈는데, 우리야를 최전선에 배치하고 적군이 공격하면 그를 남겨 놓고 후퇴하라는 내용이었습니다. 이는 우리야의 죽음을 의미했지요.

이런 상황에서 다윗의 조언자이자 선지자인 나탄이 다윗에게 와서 가난한 사람과 그가 가진 유일한 암양의 비유를 듭니다. 다윗은 가난한 사람에게서 양을 빼앗은 부자의 행동에 화를 내며 말합니다. "그런 짓을 한 그자는 죽어 마땅하다"(2사무 12,5). 그는 이 비유가 자기를 두고 한 것임을 전혀 알아차리지 못합니다. 나탄이 그에게 바로 "임금님이 바로 그 사람입니다"라고 말한 뒤에야 자신의 잘못을 깨닫고 후회합니다.

여기서 다윗은 우리 모두가 아는 사실을 배웁니다. 우리는 우리 행동이 다른 사람에게 해를 입히지 않는지 숙고해 보지도 않고 필요한 모든 것을 채울 수 있다고 생각합니다. 잘못을 저지른다고 느끼지 않습니다. 만일 누군가가 "당신은 죄를 지었습니다"라고 말한다면, 전혀 그렇지 않다고 부인할 겁니다. 남들도 다 하는 일이니 옳다고 생각합니다. 그리고 가능한 모든 수단을 동원해 정당화하지요. "사랑은 죄가 될 수 없어. 그 여자도 원해서 한 일이야." 그런데 누군가가 나탄처럼 우리에게 그런 이야기를 하면 그제야 우리는 우리 행동이 다른 사람들에게 깊은 상처를 주었으며, 하느님의 계명을 전혀 개의치 않았다는 사실을 불현듯 깨닫습니다.

나탄은 가난한 사람의 처지를 너무나 인상 깊게 묘사하여 우리가 동요하지 않을 수 없게 합니다. 그 가난한 사람에게는 그의 빵을 먹고 그의 잔을 나누어 마시는 양 한 마리밖에 없었습니다. 어린 양에게 정이 들었습니다. 어린 양은 단순한 소유물이 아니라 그가 애정을 쏟는 친밀한 피조물입니다. 이 이야기에 공감함으로써 우리는 우리의 행동이 다른 사람들에게 어떤 영향을 미칠 수 있는지 깨닫습니다. 우리의 행동과 그 결과를 깨우쳐 줄 누군가가 필요합니다. 우리 모두 자기 잘못에 눈감는 경향이 있습니다. 물론 자신을 죄인이라고 끊임없이 자책해야 한다는 이야기가 아닙니다. 그러나 우리가 잘못을 저지르며 산다는 것을 깨닫기 위해 성경 이야기를 거울삼아 성찰하는 것이 때로는 도움이 됩니다. 그 이야기를 들으면, 우리도 이미 그런 식으로 행동했다는 것을 깨닫습니다. 다른 사람의 처지에 공감하기보다 자신의 재산, 자신의 안녕을 더 중요시했습니다. 우리는 누군가에게 가장 소중한 것을 빼앗는 행동을 했습니다. 우리는 그에게 친밀했던 것, 그에게 안정감을 주었던 것을 파괴했습니다.

다윗은 이 이야기를 거울로 삼아 자신을 비춰 보면서 자신을 정당화하는 것을 멈춥니다. 그러고는 "내가 주님께 죄를 지었소"(2사무 12,13)라고 고백합니다. 그는 깨달았습니다. '내가 단지 어떤 남자에게서 아내를 빼앗고 그를 죽인 것만이 아니구나. 하느님을 진지하게 생각하지 않았구나. 하느님이 임의로 정하신 것이 아니라 나를 생명으로 이끌고자 하신 그분의 계명은 안중에도 없었구나. 나를 위해 세우신 하느님의 계명을 어기고 말았구나.'

이러한 회개는 다윗을 변화시킵니다. 자신이 한 남자의 인생에서 가장 소중한 것인 사랑하는 아내를 빼앗았다는 사실에 눈을 뜹니다. 밧 세바에게서도 그녀의 하나뿐이자 전부였던 사람을 빼앗아 죽인 것입니다. 회개는 우리가 다른 사람에게 가한 고통을 느끼게 하고, 그 고통을 우리 안에서 느끼는 것입니다.

하지만 성경의 이야기는 회개에서 끝나지 않습니다. 이 이야기가 전하는 복음은, 그의 죄에도 불구하고 다윗의 회개로 하느님은 그의 죄를 용서하시고, 다윗이 계속해서 왕으로서 다스릴 수 있도록 해 주셨다는 사실입니다. 심지어 하느님은 그의 왕국을 축복해 주십니다. 그러나 다윗은 내면의 변화를 체험했습니다. 앞으로 그는 다른 사람 위에 군림하지 않습니다. 이제 그는 자기 잘못을 알았습니다. 그는 신하들과 공감할 수 있고, 다시는 그들에게 마음대로 권력을 휘두르지 않는 인간적인 왕이 됩니다.

묵상

이 이야기를 염두에 두고 자신에게 다음과 같이 질문할 수 있습니다. '내 삶의 원칙을 스스로 어긴 적이 있는가? 하느님이 내게 요구하시는 것에 눈을 감은 적이 있는가? 지금 그러고 있지는 않은가? 다른 사람들에게 깊은 상처를 입힌 적이 있는가?' 구체적인 일이 생각나지 않는다면, 나탄이 한 "네가 바로 그 사람이다"라는 말을 크게 한번 외쳐 보십시오. 당신 인생에서 잘못한 일이 떠오릅니까? 다른 사람에게 어떤 일로 해를 입혔습니까? 자기 이익만을 위해서 한 일은 무엇입니까? 그런 다음 "내가 주님 앞에 죄를 지었습니다"라고 다윗과 함께 말하십시오. 그러면 당신 자신에게 해 줄 수 없는 용서를 하느님을 통해 경험할 겁니다. 어쩌면 이 고백으로 당신이 한순간에 자유로워졌다는 것을 느낄 수도 있습니다. 평생 삼베옷을 입고 재를 뒤집어

쓰고 지내지 않아도 됩니다. 자신이 잘못을 저질렀고 다른 사람에게 해를 끼쳤다는 것을 인정하면, 당신을 억압하던 죄책감이 변합니다. 당신은 깊은 내면의 평화를 누립니다. 당신이 자기 잘못을 인정하면 하느님의 사랑스러운 손길에서 벗어나는 게 아니라 그 안에 담긴다는 것을 경험하기 때문입니다.

의식

하느님 앞에 곧게 서서 두 손을 오므려 작은 그릇을 만듭니다. 그러고는 이 손으로 무엇을 만들고 이루었는지 생각해 봅니다. 다른 한편으로, 이 손으로 언제 어떻게 다른 사람에게 상처를 입혔는지 떠올려 봅니다. '무시하는 손짓으로 다른 사람을 깎아내린 적이 있는가? 다른 사람을 억세게 움켜쥐거나 붙잡고 흔든 적이 있는가? 다른 사람에게 신체적·정신적 고통을 입힌 적이 있는가?' 떠오르는 생각 전부를 당신 손안에 담아 하느님의 자비에 맡깁니다. 자신을 정당화하지도 비난하지도 마십시오. 있는 그대로 그것이 당신의 삶입니다. 스스로 평가하지 마십시오. 하느님의 자비로운 팔이 당신 안에 있는 모든 것을 감싸 안아 주실 거라고 믿고, 하느님의 사랑 안에 둡니다. 이런 자세로 하느님 앞에 조용히 서서 하느님께서 당신과 당신 자신의 불완전한 모든 것, 그리고 당신이 다른 사람에게 한 모든 일을 당신과 다른 사람을 위한 축복으로 변화시켜 달라고 기도하십시오.

예수님이 죄 많은 여자를 용서하시다

루카 7,36-50

여기서 성경 이야기는 예수님이 바리사이의 집에 초대받으셨다고 전합니다. 신약성경에서 바리사이들이 예수님의 실제 적으로 묘사되곤 하지만, 예수님은 그들 중 몇몇 사람과는 우호적인 관계를 맺으셨던 것 같습니다. 예수님은 바리사이 중 편협한 이들만 거듭 비판하셨을 따름입니다. 모두가 식탁에 앉았을 때 한 여인이 집으로 들어왔는데, 성경 본문은 그를 죄인이라고 지칭합니다. 우리는 매춘부라고 생각하기 쉽지만, 여기서는 그렇지 않습니다. 당시에는 죄인으로 여겨지는 남자와 결혼한 여자도 죄인이라고 불렸습니다. 예를 들어, 세리, 양치기, 푸줏간 주인도 죄인으로 여겨졌습니다. 따라서 그녀가 정말 죄인인지, 아니면 그냥 죄인으로 여겨진 사람인지는 의문입니다.

그녀는 예수님께 다가가서 울기 시작했습니다. 그

러고는 "눈물로 그분의 발을 적시더니 자기 머리카락으로 닦고 그 발에 입맞추며 향유를 발라드렸다"(루카 7,38)라고 성경은 말합니다. 이 장면에 앞선 이야기가 있었을 겁니다. 어쩌면 이 여자는 전에 예수님을 만난 적이 있는데, 그분이 자기를 단죄하지 않고 위로해 주셨는지도 모릅니다. 그래서 누군가가 자신을 심판하지 않아서 고마운 마음에서 울거나, 사회가 자신을 죄인으로 낙인찍었기 때문에 우는 것일 수도 있습니다.

그리고 그녀는 사랑에서 우러나오는 눈물을 흘립니다. 그녀는 자기 머리카락을 풀어서 예수님의 발을 닦는 것으로 이 사랑을 표현합니다. 머리카락을 푸는 것은 당시 유다인들 정서로는 성적인 행위였습니다. 그녀는 또 예수님의 발에 향유를 부어 바릅니다. 이것은 매우 은밀한 행동입니다. 바리사이들은 여인의 태도에 당황합니다. 하지만 예수님은 그녀를 내버려 두십니다.

집주인이 예수님께 당혹감을 보이자, 그에게 빚진 사람의 비유를 들려주십니다. 빚을 더 많이 탕감받은 사람이 덜 탕감받은 사람보다 채권자를 더 사랑한다는 내용이었습니다. 그런 다음 예수님은 발을 씻겨 주었을 뿐 아니라 발에 입맞춤하고 향유를 부어 발라 준 여자에게 그 비유를 적용하십니다. "이 여자는 많이 사랑했기 때문에 많은 죄를 용서받았습니다. 적게 용서받는 사람은 적게 사랑합니다"(루카 7,47).

그러고는 그녀에게 "당신은 죄를 용서받았습니다"라고 말씀하십니다. 우리가 이해하기에 이 이야기에는 논리적 단절이 있습니다. 예수님은 그녀의 많은 죄가 이미 용서받았다고 먼저 말씀하십니다. 이는 용서에 대한 응답인 그녀의 사랑스러운 태도가 보여 줍니다. 그리고 예수님은 다시 한번 그녀에게 용서를 받았다고 확인해 주십니다.

루카 복음사가는 명확하게 확정되지 않은 열린 표현들을 좋아합니다. 그는 용서와 사랑은 짝을 이룬다고 확신합니다. 무엇이 원인이고, 무엇이 결과인지를 구별할 수 없습니다. 그러므로 사람들은 예수님이 당신 말씀으로 그 여자 안에서 용서의 경험이 더 커지기를 원하신다는 것을 이해할 수 있습니다. 예수님이 이 순간에 그녀의 죄를 용서하시는지, 아니면 그녀의 용서받는 경험이 더 커지기를 원하시는지는 상관없습니다. 바리사이들은 예수님께서 지금 이 순간에도 여자의 죄를 용서하고 계신 것으로 이해합니다. 그들은 이것을 받아들일 수 없습니다. 그들은 하느님만이 죄를 용서하실 수 있다고 생각하기 때문입니다.

그 여자는 분명히 죄를 용서받았다고 믿었습니다. "당신의 믿음이 당신을 구원했습니다. 평안히 가시오"(루카 7,50)라고 예수님이 그녀에게 말씀하십니다. 그리스어 '소제인'*sozein*은 '치유하다', '구하다', '구원하다'라는 뜻입니다. 믿음이 그녀를 낫게 합니다. 믿음이 그녀를 자책에서 벗어나게 하고 용서받은 경험에 대한 확신을 심어 줍니다. 예수님은 그녀를 질책하지 않으십니다. 그분은 두 마디 말씀을 건네며 그녀를 떠나보냅니다. 그녀의 믿음에 대한 칭찬과 평화의 인사입니다. 그분은 그녀가 자기 자신과 평화롭게 지내기를, 그녀가 온전히 평화롭게 살기를 바라십니다.

묵상

정화의 길에서 이 이야기를 묵상한다면, 그 여인의 눈물을 세 가지의 의미로 이해할 수 있습니다. 회개의 눈물, 삶에서 계속해서 용서를 경험한다는 감사의 눈물, 사랑의 눈물입니다. 우리가 경험한 적이 있고 또 거듭해서 경험하는 용서는 우리 안에 큰 사랑을 일으킵니다. 우리 내면에서 이러한 감정 중 하나를 진정으로 느끼지 못한다면 눈물을 흘릴 수 없을 겁니다. 하지만 우리가 예수님과 죄 많은 여인의 장면에 온전히 몰입하면 눈물이 날 것입니다.

초기 수도승들에게 눈물과 통곡은 중요한 영적 모티프였습니다. 눈물과 통곡은 우리가 하느님과 하느님의 사랑을 경험했다는 표현입니다. 반면에 우리 행동이 우리가 원래 원했던 것에 미치지 못했다는 슬픔의 표현일 때도 있습니다. 눈물은 내 안의 모든 더러운 것을 정화하는 힘이 있습니다. 눈물은 내 영혼에 묻은 더러운 것을 씻어 냅니다. 하지만 내가 계속해서 죄를 짓더라도 결코 나를 심판하지 않으시는 하느님의 자비에 대한 기쁨의 눈물일 수도 있습니다. 눈물은 내 죄뿐 아니라, 하느님과 나 사이에 내가 세워 두었던 많은 생각도 씻어 줍니다. 눈물 속에서 나는 실재하는 하느님을 만납니다. 폰투스의 에바그리우스에게 눈물은 내가 정말로 하느님을 만났다는 징표이기도 합니다.

성경 이야기에서 그 여인은 자신을 단죄하지 않는 분이 가까이 있다고 느끼기에 눈물을 흘립니다. 자기 안의 목소리에 귀를 기울이고 자신에게 물어보십시오. '나는 왜, 무엇과 관련해서 나 자신을 심판하고 있는가? 무엇 때문에 나 자신을 용서할 수 없는가?' 그런 뒤 하느님이 나를 조건 없이 받아들이신다는 것을 상상해 보십시오. '나는 같은 실수를 반복해서 나 자신을 탓하는데, 하느님은 나를 용서하시는구나.' 당신 내면 깊숙한 곳에 이 감정이 가닿게 하십시오. 울음이 터져 나올 수도 있습니다. 감사, 후회, 사랑의 눈물일 겁니다. 예수님과 그 여인의 장면에 완전히 몰입해 상상하고, 예수님이 당신에게 하시는 말씀에 귀를 기울여 보십시오. "당신의 믿음이 당신을 구원했습니다. 평안히 가시오."

◯

의
식

바닥에 이마를 대고 다리를 펴고 엎드립니다. 이 자세를 '부복례'(Prostratio)라고 하는데, 경배를 표현하는 몸짓입니다. 당신이 땅과 온전히 하나가 된다고 상상해 보세요. 땅은 당신을 받아들이고 심판하지 않습니다. 당신의 행동을 따지지 않고, 당신을 짓누르는 모든 것이 땅으로 흘러 나가도록 합니다. 당신이 온전히 받아들여지고 있음을 느끼세요. 그저 땅에 누워 있는 것이 아니라 하느님 사랑의 손안에 받아들여졌다고 상상할 수 있습니다. 당신을 짓누르는 모든 것이 하느님의 손안으로 흘러들어 갑니다. 자책과 자기 비난에서 당신은 깨끗해집니다. 당신은 자신을 비난하거나 사과하지 않아도 됩니다. 당신을 짓누르는 것 전부가 하느님의 사랑 속으로 흘러들도록 내버려 두면 됩니다. 그러면 당신은 이 내적인 짐에서 자유로워질 것입니다.

성전에서 장사꾼들을 내쫓으시다

요한 2,13-22

피정의 첫 부분인 정화의 길은 성전에서 장사꾼들을 내쫓는 성경 이야기를 통해 직관적으로 설명할 수 있습니다. 요한 복음사가는 이 이야기를 역사적으로뿐만 아니라 우리를 위한 비유로 이해합니다. 이는 그의 결론에서 분명히 드러납니다. "예수께서는 당신 몸이 곧 성전임을 가리켜 말씀하셨던 것이다"(요한 2,21).

이 말은 우리에게도 적용됩니다. 우리 몸은 하느님의 성전입니다. 하지만 이 성전이 시장으로 변질해 버렸습니다. 우리 안에 시끄럽게 물건을 파는 장사꾼들이 있습니다. 여기서 장사꾼들은 우리를 지배하는 시끄러운 상념들을 나타냅니다. 우리 머릿속은 한시라도 조용할 때가 없습니다. 온갖 생각들이 뒤섞여 야단법석입니다. 이 '장사꾼들'은 저마다 최대한 돈을 많이 벌고 싶어 합니다. 이는 우리를 지배하곤 하는 탐

욕과 욕망에 대한 비유입니다. 우리 안에는 성전 방문객의 화폐를 다른 화폐로 바꾸는 환전상들이 있습니다. 이것은 우리 자신을 다른 사람과 끊임없이 비교하는 생각을 나타냅니다. '내 시장 가치는 얼마일까? 내가 얼마나 높은 가격에 거래될까? 다른 사람들은 나를 어떻게 생각할까?' 우리는 자신에 대해 생각하는 게 아니라, 다른 사람들에게 비친 우리 자신을 생각하며 그들과 비교합니다.

이 이야기에서 소도 언급됩니다. 소는 우리의 충동, 식욕, 성욕, 소유욕을 나타냅니다. 초기 사막 수도승들에게 이런 충동은 인간의 욕망에 속했습니다. 우리는 이런 충동들을 쉽게 떨쳐 내거나 꺾어 버릴 수 없습니다. 하지만 그것들에는 긍정적인 에너지도 있습니다. 이 충동들은 우리를 생명과 하느님께로 이끌고자 하기 때문입니다.

영적 관점에서 해석한다면, 식사가 거룩한 시간(예를 들어, 성체성사)으로 이어질 때, 성적 충동이 신비주의적 환희로 충족될 때, 소유욕이 내면으로 들어가 우리 영혼 안에서 보물을 발견할 때 이런 충동들은 사그라집니다. 그러면 우리 내면에 평화가 찾아옵니다.

'소'는 우리 자신, 우리 몸에 속합니다. 하지만 그것들은 성전의 지성소에는 속하지 않으며, 우리 영혼 심연에 있는 거룩한 공간에 속하지 않습니다.

이야기에서 언급되는 양은 우리 감정에 대한 비유로 볼 수 있습니다. 초기 수도승들은 주로 세 가지 감정을 묘사합니다. 공격성, 슬픔, 무기력입니다. 예를 들자면, 나는 일하고 싶은 마음도, 기도할 마음도 없으며, 아무것도 하지 않겠다는 마음조차 없습니다. 내 안이 분열되고 텅 빈 상태입니다. 오늘날 많은 사람이 이렇게 느끼고 있습니다.

감정도 우리의 것입니다. 우리가 그것들을 잘 다루는 것이 중요합니다. 따라서 이 감정이 무엇을 의미하는지 인식하고 그 긍정적인 힘을 우리를 위해 사용해야 합니다. 그것들에 지배당하지 않도록 해야 합니다. 무엇보다 감정이 양들처럼 우리 영혼 심연에 있는 내면의 지성소를 침범하게 내버려 두어서는 안 됩니다.

이 이야기에서 비둘기는 우리의 생각을 나타냅니다. 수도승들은 영적 영역의 세 가지 위험을 이야기합니다. 헛된 영광, 시기, 교만입니다. 이것들은 비둘기처럼 우리 안에서 이리저리 날아다니는 불안한 생각들로 대변됩니다. 우리는 우리 자신에 집중하지 않고, 다른 사람과 끊임없이 비교하며, 다른 사람들에게서 존경과 칭찬을 받고자 합니다. 우리는 우리 자신을 최고라고 여기며, 자신에 대한 의심을 억누릅니다. 비둘기는 우리 머릿속으로 하는 혼잣말을 나타냅니다. 그리고 머릿속에서 우리가 만나는 사람들을 평가하지요. 그래서 우리는 좀처럼 쉬지 못합니다.

예수님은 장사꾼, 환전상, 소, 양, 비둘기를 성전에서 몰아내십니다. 다시 말해 우리 영혼의 지성소에서 내쫓으십니다. 장사꾼과 동물들이 우리 안에 있는 한, 우리는 자신을 시장으로 경험합니다. 우리는 소와 양의 고삐를 잡아맴으로써 내면의 소음을 억제하고, 불안을 진정시키려고 합니다. 하지만 그렇게 하면 우리 안의 모든 것이 경직됩니다. 내면에 그런 '시장'이 있는 사람을 만나면 우리는 그의 내면이 불안하고 긴장되고 경직되어 있다고 느낍니다. 예수님이 우리 안의 성전을 정화하십니다. 이는 모든 불안과 불확실성을 우리에게서 몰아내신다는 것을 의미합니다. 이는 새로운 자기 체험으로 이어집니다. 우리는 자유를 느끼고 내면의 여유를 체험합니다. 성전은 크고 넓으며 아름답습니다. 우리가 자기 내면의 지성소에 대해 잘 알면, 우리 자신이 아름답고 가치 있는 존재임을 체험할 겁니다. 우리 안에는 귀중하고 신성한 것이 있습니다.

요한 복음사가는 이 성경 이야기를 예수님의 죽음과 부활에 연결시킵니다. 그는 이를 이 이야기의 첫 문장인 "유다인들의 파스카 축제가 다가오자"(요한 2,13)에서 이미 밝혀 놓습니다. 그리스어로 '파스카'는 라틴어의 '트란시투스'transitus로, '지나감' 또는 '건너감'을 뜻합니다. 파스카 축제 때 유다인들은 속박의 땅, 종살이의 땅인 이집트에서 약속의 땅으로 넘어간 사건을 기념했습니다. 그곳에서 그들은 자유롭고 온전한 자기 자신이 될 수 있었습니다. 우리 그리스도인들은 예수님의 죽음과 부활을 유다인들이 파스카와 연관 짓는 것의 완성으로 이해합니다. 파스카 축제 때 예수님이 이 세상에서 하느님의 세상으로 건너가시기 때문입니다. 우리에게 파스카는 예수님과 함께 새로운 상태로 건너가는 것을 의미합니다. 즉, '시장'에서 우리 안의 성전으로 들어가는 체험, 협소함에서 광대함으로, 혼돈에서 아름다움으로 가는 체험입니다.

요한 복음사가는 예수님의 죽음을 인간의 정화로 이해합니다. 예수님은 죽음에 이르는 사랑으로 우리의 참본성을 왜곡하는 모든 것에서 우리를 깨끗하게 씻어 주셨습니다. 이러한 요한 복음사가의 해석은 13장을 시작할 때 "파스카 축제 전날"(요한 13,1)이라고 다시 한번 앞의 구절을 반복한다는 사실에서 명확해집니다. 그런 다음 복음사가는 예수님이 마지막 식사를 하기 전에 어떻게 제자들의 발을 씻어 주셨는지 설명합니다. 예수님은 죽으심으로 땅의 먼지 속으로 몸을 굽혀 사람들을 깨끗하게 하십니다. 세상과의 접촉으로 거듭해서 발을 더럽히는 바로 그곳을 깨끗하게 해 주십니다.

말하자면 예수님은 사람들이 상처 입기 가장 쉬운 부분인 아킬레스건을 치유하십니다. 관용적 표현대로 우리를 가장 약하게 만드는 부분을 나타냅니다. 어떤 사람에게는 예민함이고, 어떤 사람에게는 쉽게 화를 내는 것이며, 또 어떤 사람에게는 시기나 질투일 겁니다. 누구에게나 부정적인 감정이 자신 안으로 밀려와서 자신을 아프게 하는 지점이 있습니다. 그런 감정은 우리를 완전히 지배할 수 있습니다. 그렇기에 정화와 상대화가 필요합니다. 요한에게 발을 씻는 것은 예수님의 십자가 죽음을 상징합니다. 십자가에서 예수님은 증오, 시기, 질투 같은 인간의 모든 부정적인 감정을 경험하십니다. 하지만 요한에게 십자가는 사랑의 완성입니다. 예수님은 증오에 맞서 증오가 아니라 사랑으로 응답하십니다. 말하자면 십자가에서 우리 발을 사랑으로 씻어 주시고자, 우리 발을 더럽힌 먼지 더미 속으로 몸을 굽히십니다.

묵상

당신 몸을 성전이라고 상상해 보세요. 이 성전의 평온과 아름다움을 어지럽히는 어떤 낯선 힘이 들어왔습니까? 당신 안에 있는 장사꾼과 환전상은 무엇입니까? 소, 양, 비둘기는 무엇입니까? 이런 묵상을 한 후 '예수기도'를 바치십시오. 숨을 들이마시면서 "주 예수 그리스도님"이라고 말하십시오. 그리고 이 말과 함께 예수님의 사랑이 당신의 가슴에 흘러들어 와 마음이 따뜻해지는 것을 상상해 보세요. 숨을 내쉬면서 "하느님의 아들이신 그리스도님, 저를 불쌍히 여기소서"라고 말하십시오. 숨을 내쉴 때, 이 말과 예수님의 사랑이 모든 장사꾼, 환전상, 소, 양, 비둘기를 몰아낸다고 상상하십시오. 예수님이 당신을 지배하려는 모든 부정적인 감정들을 그분 사랑으로 가득 채워서 긍정적인 감정들로 바꾸신다고 상상하십시오. 그런 다음 자신에게 말하십시오. '나는 하느님의 성전이다.' 어떤 감정이 드나요? 당신이 하느님의 성전이라는 사실을 감사히 받아들이십시오. 그렇게 자기만의 공간, 자유, 아름다움을 즐겨 보십시오.

○

의식

발을 씻는 의식을 해 보세요. 당신이 직접 자기 발을 천천히 씻을 수도 있고, 다른 사람이 내 발을 씻겨 주고 당신이 다시 그렇게 해 줄 수도 있습니다. 세족례를 하면서 다음과 같이 상상해 봅니다. '나는 나를 더럽히고 내 생각과 감정을 흐리게 하는 모든 것을 발에서 씻어 낸다. 나는 내게 달라붙은 부정적인 감정들을 씻어 낸다. 나는 모든 번뇌를 씻어 낸다.' 그런 다음 씻은 발로 하느님 앞에 똑바로 서서 예수님의 말씀을 마음속으로 되뇝니다. "목욕을 한 사람은 발 외에는 더 씻을 필요가 없습니다. 그는 온전히 깨끗합니다"(요한 13,10). 예수님의 사랑의 말씀은 당신 안에 있는 하느님의 본디 모상을 가리는 모든 것을 깨끗하게 해 줍니다.

   당신이 일상에서 공동으로 피정할 경우, 저녁에 성전에서 내쫓는 장면과 세족례 장면을 읽으면서 다음과 같은 의식을 할 수 있습니다. 모두 원을 지어 섭니다. 피정 지도자는 물 한 그릇을 들고 각 사람 앞에 섭니다. 상대방은 "내 이름은 바르바라입니다", "내 이름은 베드로입니다"라고 단순하게 이름을 말하는 것이 아니라 "나는 바르바라입니다", "나는 베드로입니다"라고 말합니다. 그런 다음 피정 지도자는 물이 담긴 그릇에 손을 담갔다가 원을 지어 서 있는 사람의 이마에 성호를 긋습니다. 이때 지도자는 "하느님이 그대의 더러움을 깨끗하게 하시고 그대의 참모습을 보여 주십니다"라고 말합니다.

이런 의식은 성경 이야기를 묵상하는 것보다 더 큰 효과가 있습니다. 카를 구스타프 융에 따르면, 의식은 무의식 속으로 침투합니다. 이런 의식으로 정화에 대한 우리 내면의 의심과 주저함을 해소할 수 있습니다.

가라지의 비유

마태 13,24-30

밀밭에 자란 가라지의 비유는 정화에 대한 우리의 시선을 현실적인 상황으로 돌려놓습니다. 인간으로서 우리는 모든 부정적인 감정, 욕정, 힘에서 자신을 완벽하게 정화하여 영혼과 양심에 오점이 하나도 남지 않기를 원합니다. 그러나 이 비유는 현실이 녹록하지 않다는 것을 보여 줍니다. 집주인은 좋은 밀 씨앗을 뿌렸습니다. 그런데 원수가 와서 밭에 가라지를 덧뿌리고 갑니다. 집주인의 종들은 가라지를 뽑아내려고 합니다. 하지만 집주인은 그들에게 "아니다, 너희가 가라지를 뽑아 그러모으다가 그것과 함께 밀까지 뽑아 버릴까 염려된다"(마태 13,29)라고 말합니다.

여기서 집주인이 말하는 가라지는 독보리라고 불리는 잡초입니다. 밀의 뿌리와 뒤엉켜서 자라기 때문에 잡초를 뽑으면 밀까지 뽑힙니다. 이를 우리 삶에 적용하면 다음과 같은 뜻입니다. 우리는 결점과 약점을 자신에게서 없애고 싶어 합니다. 이른바 화학적으로 아무런 불순물 없이 순수하고 완벽하기를 바랍니다. 하지만 예수님은 이 비유를 통해 그것은 불가능하다고 분명하게 말씀하십니다. 하나를 떼어 내려면 다른 하나를 불가피하게 훼손할 수밖에 없기 때문입니다. 여기에서 자신에게서 부정적인 모든 것을 없애 버리려는 완벽주의자의 전형적인 성향이 묘사되고 있습니다. 하지만 완벽함을 도모하려 하면 우리 안에 좋은 것마저도 더는 자라지 못합니다. 그러면 인생은 아무런 결실을 맺지 못합니다. 이 비유는 잘못 이해한 정화 방법을 나타냅니다. 계속 비유하자면 사람은 화학적으로 자신을 정화하고 살균하고 싶어 합니다. 하지만 그런 사람은 불임 상태가 되고 맙니다.

초기 수도승들은 이 비유가 자기 경험에 부합했기 때문에 반복해서 차용했습니다. 그중에는 오늘날까지 잘 알려진 짧은 금언이 있습니다. 이런 이야기입니다. 어느 날 한 젊은 수도승이 포이멘 압바에게 하소연했습니다. "제가 선을 위해 하는 일마다 악마가 무

용지물로 만들어 버립니다. 누군가를 도우려면, 내면의 목소리가 '너는 남들에게 잘 보이기 위해, 인기를 얻으려고 그렇게 하는 것뿐이다'라고 말합니다. 기도할 때면, 내면의 목소리가 '남들에게 거룩한 수도승으로 보이려고 기도하는군'이라고 말합니다. 모든 좋은 일에는 늘 이기적인 동기가 섞여 있습니다. 그래서 좋은 일을 해도 아무런 의미가 없는 것 같습니다."

포이멘 압바는 대답 대신 이야기를 하나 들려줍니다. 어느 마을에 두 농부가 있었습니다. 둘 다 곡물의 씨앗을 뿌리고 싶었습니다. 파종을 하려고 하니 곡물의 씨앗에 불순물이 섞여 있었습니다. 한 농부는 "나는 이 씨앗을 뿌리지 않겠다"라고 말했고, 다른 농부는 그럼에도 씨를 뿌렸습니다. 일 년 후에 그 도시에 기근이 들었습니다. 압바는 젊은 수도승에게 물었습니다. "두 사람 중 누가 먹을 게 있습니까?" 젊은 수도승은 "불순문이 섞인 씨앗을 뿌린 사람이겠지요"라고 대답했습니다. 그러자 압바는 "그러니 우리와 다른 사람이 먹을 것을 마련하기 위해서 정제되지 않은 씨앗을 뿌립시다"라고 말했습니다. 우리는 남들을 돕고, 기도하며, 자선을 베풀고, 봉사할 때, 우리 동기가 완전히 순수해질 때까지 기다리면 안 됩니다. 늘 이기적인 동기가 섞이기 때문입니다. 그걸 인정하는 겸손이 필요합니다.

물론 잡초가 자라게 내버려 두어서는 안 되며, 밀이 숨 막히지 않도록 잡초를 제거해야 합니다. 그러나 자신의 모든 실수를 지우려고 한다면 영성도 활력을 잃을 것입니다. 완벽주의자는 순수하고 그리스도에게 완전히 스며드는 인간이라는 이상적인 모델에 도달하기 위해 많은 에너지를 소비합니다. 그렇지만 다루기 어렵고 의심스러운 것인 '가라지'를 '밀', 즉 좋은 의도, 헌신적인 행동과 함께 뽑아 버린다면, 그리스도에게 스며들지 못합니다. 오히려 그리스도께 이 두 가지를 전부 바쳐야 합니다. 그러면 그분의 영이 잡초를 뽑고 밀알이 익을 수 있도록 영양분을 주실 것입니다.

영적 관점에서 볼 때 극단적 형태의 완벽주의는 이른바 '양심적 세밀'(양심에 관한 병적 감수성)과 같습니다. 극단적 완벽주의자들은 자신을 매우 면밀하게 관찰하고, 모든 생각과 작은 행동에서 자신 외에는 누구도 알아차릴 수 없는 잘못과 큰 죄를 봅니다. 그들은 끊임없이 자신을 비난합니다. 사랑을 느껴야 한다고 믿는 것에서 적대감을 느끼고, 순수한 생각을 가져야 한다고 믿는 것에서 정욕을 느끼기 때문입니다. 사소한 '잘못'들을 즉시 고백하고 용서받기 위해 거의 강박적으로 고백성사를 보는 사람이 많습니다. 그들은 자신이 금지하고 비난하던 일을 사제에게 거듭 고백하면서도, 그 일들을 계속하며 살고 있다는 사실을 알아차리지 못합니다.

이와 달리 예수님은 추수 때까지 '가라지'와 밀이 함께 자라는 정화의 길로 우리를 초대하십니다. 추수 때, 즉 우리가 죽을 때 우리 안에 있는 하느님의 천사들이 이 둘을 분리할 것입니다. 천사들이 가라지는 거두어 태워 버리고 밀은 곳간으로 모아들일 것입니다. 그러면 우리 안에는 순수한 밀만 남게 되지요. 하지만 사는 동안에는 가라지와 함께 살아야 합니다. 그러나 우리가 죽을 때, 하느님께서 우리 안에서 모든 불순한 것을 씻어 내시어 깨끗하고 고유하며 순수한 하느님의 모상이 우리 안에서 빛날 것이라고 믿어도 됩니다.

묵상

당신 내면을 들여다보십시오. 당신 안에서 '가라지'라고 생각되는 것들이 무엇입니까? 그것들을 어떻게 처리해 왔습니까? 그것들에 휘둘리지 않고, 익숙해질 수 있습니까? 가라지를 솎아내는 것은 당신에게 어떤 의미입니까? 많은 영적 저자가 사랑은 잡초를 솎아 내고 그 힘을 빼앗는다고 말합니다. 사랑의 힘이 클수록 잡초는 시들어 갑니다. 그러나 사랑이 그것들을 전부 제거하거나 완전히 깨끗하게 할 수는 없습니다. 우리가 죽을 때 오직 하느님의 사랑만이 우리 안에 흘러들어 그 모든 불순물을 정화할 수 있습니다. 잡초와 밀이 자라는 내면의 '밭'을 사랑으로 묵상하십시오. 하느님께서 마지막에 모든 잡초를 태워 버리실 것이라는 희망을 품고 이 밭을 그분께 보여 주십시오. 그러면 당신은 하느님 안에서 영원히 순수해질 것입니다.

의식

당신의 장점과 단점 목록을 작성해 봅니다. 그런 다음 장단점을 비교해 보고, 이런 특성이 단독으로 존재하는지, 아니면 서로 관련이 있는지 생각해 봅시다. 단점을 하나하나 살펴보고 '나의 약점이면서 강점이기도 한 것은 무엇인지' 자문해 봅니다. 그런 다음 장점을 하나씩 살펴보고 자문해 봅니다. '나의 장점이 단점이 될 수 있는가?' '나의 장점에 단점이 되는 부분이 있는가?' '이런 장점만 있다면 내게 좋은 일인가?' '이 장점이 내게 위험이 될 수 있는가?' 당신이 지닌 장단점과 화해하고 그 둘을 모두 껴안으십시오. 당신이 살아 있는 한 그 장단점 모두 당신의 것입니다.

조명의 길

이 조명의 길에서 우리가 본보기로 삼은 시스네로스 아빠스의 피정을 다시 살펴보면, 그는 정화의 길을 마친 수련자에게 믿음이 함께한다고 확신합니다. 이제 우리가 발걸음을 옮기는 조명의 길에서는 희망이 함께합니다. 시스네로스 아빠스는 여기서 불의 이미지를 사용합니다. 정화의 길을 시작할 때는 연기만 눈에 띕니다. 조명의 길에서는 연기 속에 불꽃이 보이기 시작합니다. 일치의 길에서는 순수한 불만 보일 것입니다. 게다가 그는 거울의 비유로 이 점을 명확히 밝힙니다. 정화의 길에서 우리는 말하자면 거울을 청소합니다. 조명의 길에서 우리는 이제 깨끗이 닦인 거울로 하느님의 사랑을 볼 수 있습니다. 이전에 그 거울에서는 쌓인 먼지와 가장자리의 녹 때문에 그분의 사랑을 볼 수 없었습니다. 조명의 길에서는 우리 안의 사랑에 불

붙이는 게 중요합니다. 하느님이 우리에게 베푸신 은총을 숙고하고, 창조의 아름다움을 묵상하면 하느님을 사랑할 수 있습니다. 조명의 길로 들어가는 한 가지 방법은 예수 그리스도를 묵상하는 것입니다. 진정한 태양의 광채가 우리 영혼을 밝게 비추기 때문입니다.

이러한 비유들을 심리적 차원에서 살펴본다면, 조명의 길에서는 자신을 명확하게 인식하는 게 중요합니다. 조명은 참된 자아에 대한 인식과 깊은 관련이 있습니다. 그래서 조명은 하느님과의 만남에서뿐 아니라 자기 자신과의 만남에서도 중요합니다. 조명의 길에서는 결점과 단점을 다루는 일보다 참된 자아를 인식하고 내면의 빛을 바라보는 것이 중요합니다. 폰투스의 에바그리우스에게 조명의 길은 "자기 마음의 빛을 보는 것"(*Praktikos*, 64항)입니다. 사막 교부 문헌 번역가이자 트라피스트회의 존 외드 뱀버거 신부는 에바그리우스의 이 표현을 "마음의 빛"이란 단어가 항상 참된 자아의 경험을 가리킨다는 맥락에서 해석합니다. 비잔틴 영성에서 내면의 빛은 중요한 역할을 합니다. 심리학적으로 보면, 조명의 길은 자기 영혼 깊은 곳에 있는 영적 자아, 즉 맑고 순수하며 흠 없는 하느님의 모상을 인식하는 것입니다.

조명 사상은 그리스 철학자 플라톤으로 거슬러 올라갑니다. 그는 신의 이데아가 빛으로 가득 차 있다고 가정합니다. 요한 복음 서문에도 비슷한 내용이 나옵니다. 서문에서 말씀인 '로고스'*logos*에 관해 이야기하는데, 그것은 사람들의 빛입니다. 그 빛이 내면의 실재를 밝힙니다. 사람은 빛 속에서 실재에 대한 심층적인 인식에 참여합니다. 플라톤은 갑자기 빛이 사람들에게 밝혀졌다고 말합니다. 그러면 사람은 사물의 본성과 자신의 고유한 본성을 인식합니다. 자기 영혼의 심연에 빛, 즉 명료함이 있다고 인식하는 것입니다.

조명은 우선 신비주의적 주제입니다. 하지만 오늘날 심리학도 조명을 중심 주제로 삼고 있습니다. 특히 이탈리아 정신과 의사 로베르토 아사지올리는 조명이란 주제에 전념했습니다. 그는 다음과 같이 씁니다. "조명을 이 지상의 것이 아닌 근원에서 나온 빛에 대한 감응이라는 맥락에서 느낄 때가 많다. 이를 통해 온 세상이 새로운 빛으로 환해지고 새로운 아름다움이 드러난다"(Assagioli, 29). 아사지올리에 따르면, 이 빛은 우리 내면세계를 밝혀 주어서, 우리의 온갖 문제와 의심을 날려 버립니다. 그는 그것을 "고차원 의식의 직관적인 빛"이라고 묘사합니다(Assagioli, 29).

이 빛을 경험할 때 종종 기쁨의 감정이 동반되며, 지복의 상태로 이어질 수 있습니다. 게다가 많은 사람이 새로워지고 다시 활력이 넘치거나, 자신 안에서 새로운 존재가 태어나는 것처럼 느낍니다. 아사지올리는 이 신비한 조명의 경험이 우리에게 긍정적인 영향을 미친다고 생각합니다. 우리는 훼손되지 않은 우리의 참자아, 우리의 영적 자아를 인식합니다. 우리는 어느 순간에 "인간으로 존재한다는 것의 의미, 자기 존재의 온전한 의미가 드러남"을 깨닫습니다(Assagioli, 79). 이러한 조명을 체험하면 "우리는 우리의 중심, 우리의 참된 본성, 우리의 가장 내밀한 부분을 발견"할 것입니다(Assagioli, 98 이하).

우리는 자주 남들의 기대에 휘둘리고 남들이 요구하는 역할을 합니다. 이런 우리 모습을 어느 정도 거리를 두고 관찰하면 우리의 참된 자아를 인식할 수 있습니다. 따라서 이 조명은 우리가 때때로 연기하는 "인간 희비극"(Assagioli, 104)을 꿰뚫어 보고, 우리의 참 자아, 영적 자아에 부합하는 삶을 살도록 도와줍니다.

이제 조명의 길에서 우리가 변모에 관한 성경 본문과 조명에 관한 성경 본문을 묵상할 때 두 가지 차원이 중요합니다. 우선 하느님을 참빛으로 체험하는 것이고, 다른 차원은 우리 안의 모든 어두운 측면을 뚫고 하느님의 근원적이고 순수한 모상을 발견하도록 돕는 새로운 자기 체험입니다. 폰투스의 에바그리우스는 이 두 가지 체험을 다음과 같이 탁월하게 묘사합니다.

"사람이 옛 사람을 벗고 사랑으로 창조된 새 사람을 입으면, 그는 기도 시간에 자기 상태가 하늘처럼 맑고 투명하게 빛나는 사파이어와 같다는 것을 깨달을 것이다. 성경에서는 '하느님의 처소'라는 표현으로 이 경험을 정확히 표현하고 있다. 우리의 선조들은 시나이산에서 그분을 뵈었다"(*Capita practica ad Anatolium*, Sp. 1240 A).

영성의 길의 목표는 내면의 빛을 보는 것입니다.

동시에 이 길은 자기 됨의 길에서 중요한 단계입니다. 자신의 자아상에 투영된 것과 자아상을 흐리는 것, 늘 신경이 곤두선 생활 패턴을 뚫고 우리 안에서 사파이어처럼 빛나는 훼손되지 않고 오염되지 않은 참자아를 발견하는 것이 중요합니다. 다음의 성경 본문들이 우리의 참자아, 우리 안에 있는 내면의 빛을 낙관적으로 바라볼 수 있도록 여러분을 격려할 것입니다.

그리스도의 영광스러운 변모

루카 9,28-36

이른바 예수님의 영광스러운 변모에서 그분의 본모습을 볼 수 있습니다. 그분의 얼굴이 빛나면서 얼굴 모습이 달라집니다. 의복이 하얗게 번쩍입니다. 루카 복음에서는 이 변화, 이 변모가 기도 중에 일어난다고 이야기합니다.

루카 복음사가는 이런 변모, 이러한 조명의 깨우침이 예수님을 특징짓는 현상만이 아님을 보여 줍니다. 우리도 예수님에게 진정으로 기도하는 법을 배우면 비슷한 경험을 할 수 있다는 것을 의미하기도 합니다. 시스네로스에게도 기도는 우리가 내면적으로 조명을 받는 중요한 길이며, 하느님께서 우리의 참된 얼굴을 가리는 모든 가면을 벗겨 주시는 길이기도 합니다.

복음사가들은 예수님의 변모를 다양한 이미지로 묘사합니다. 마태오 복음사가는 '모습이 변하셨다'라고 말합니다. "예수께서는 그들 앞에서 모습이 변하셨으니, 그 얼굴은 해처럼 빛나고 그 옷은 빛처럼 하애졌다"(마태 17,2). 여기서 마태오 복음사가는 제자들에게도 약속된 것을 예수님을 통해 설명합니다. "그때에 의인들은 그들 아버지의 나라에서 해와 같이 빛날 것입니다"(마태 13,43).

마르코 복음사가는 예수님의 옷이 눈부시도록 하얗게 변했다고 말합니다. "그 옷은 이 세상의 어떤 마전장이도 그렇게 희게 할 수 없을 만큼 새하얗게 번쩍였다"(마르 9,3). 루카 복음사가는 그분의 얼굴 모습이 달라지고 의복은 해처럼 번쩍였다고 묘사합니다. 의복은 그 사람을 나타내는 상징이자 이미지입니다. 예수님은 빛과 아름다움을 발산하십니다.

세 복음사가는 산에서 영광스럽게 변모하신 예수님을 경험하고 매료되었습니다. 그들은 예수님에게 늘 내재해 있지만, 제자들이 볼 수 없었던 그분의 본모습을 이 변화로 묘사합니다. 산에 올라가서 예수님의 이런 본모습이 제자들에게 빛을 발합니다. 루카 복음사가는 자기만의 해석을 통해 우리가 예수님처럼 산에 올라 사람들과 떨어져서 고요 속에서 기도하면 우리도 같은 일을 경험할 수 있다는 것을 우리에게 확실하게 알려 주고 싶어 합니다. 기도 중에 우리는 우리의 참된 본성을 가리곤 하는 가면과 역할에서 해방됩니다. 그러면 우리 내면의 빛이 발산되며 그 환한 빛을 통해 다른 사람도 이를 경험할 수 있습니다.

예수님이 변모하실 때 갑자기 모세와 엘리야가 나타났습니다. 교부들은 그들의 등장을 그들이 예수님처럼 40일 동안 금식했다고 해석합니다. 단식으로 그들은 정화되었고, 그들의 참된 본성이 빛나게 된 것입니다. 테르툴리아누스는 그 두 사람이 단식의 동지라고 생각합니다. 그러므로 그들도 그분이 변모하실 때 동지가 된 것은 합당했다는 것이지요. 이 영광스러운 변모의 복음은 항상 사순 제2주일에 봉독됩니다. 이로써 우리는 단식으로 여러 역할과 가면에서 해방되며, 우리 안에 있는 하느님 본연의 모습이 더 순수하고 맑게 빛난다는 사실을 우리 믿음으로 확신하고 있다는 것이 분명해집니다.

모세와 엘리야라는 두 인물을 조금 달리 해석할 수

도 있습니다. 모세는 이스라엘 백성을 이집트의 종살이에서 약속의 땅의 자유로 이끈 지도자입니다. 그리고 그는 백성에게 법을 세워 준 사람입니다. 루카 복음사가는 그의 등장을 언급함으로써 다음의 내용을 분명히 밝히길 원했습니다. 우리가 예수님처럼 기도하면, 우리를 얽매는 충동과 욕정, 두려움과 강박의 족쇄에서 해방될 수 있다는 사실입니다. 기도는 비천한 현세의 삶에서 우리를 끌어올립니다.

사막의 교부 폰투스의 에바그리우스는 기도가 인간을 자신의 본성을 넘어 천사의 수준으로 끌어올리는 것이라고 이해했습니다. "정말로 기도하는 사람은 천사와 동등하다"(*Über das Gebet*, 125항). 게다가 기도는 사람들을 참된 질서로 이끕니다. 에바그리우스는 인간의 정신은 본성상 기도하는 경향이 있다고 생각합니다(*Praktikos*, 49항 참조). 기도를 통해 우리는 자신이 진정 누구인지 깨닫습니다. 그러므로 여기서 모세라는 인물은 질서 또는 입법자를 상징하기도 합니다. 그래서 우리는 기도 중에 우리 영혼은 하느님을 지향하고 내적으로 질서를 갖춘다고 말할 수 있습니다. 그러면 계명은 더 이상 외적인 요구가 아닐 것이며, 우리는 하느님의 계명에 부합하는 옳은 일을 스스로 하게 됩니다.

엘리야는 여기서 예언자를 상징합니다. 하지만 그는 올바른 신앙을 선포하는 것만이 핵심이 아니라는 사실을 배워야 했습니다. 하느님이 그에게 호렙산에서 하느님을 정말 만난다는 것이 어떤 것인지 분명히 알려 주셨기 때문입니다. 그분은 거센 바람이나 지진 한가운데, 또는 불 속에 계시는 것이 아닙니다. 그분은 조용하고 부드러운 미풍 속에 계십니다. 유다인 종교철학자 마르틴 부버의 번역에 따르면 그분은 "떠도는 침묵의 고요함 속에" 계십니다. 기도는 우리에게 하느님을 경험하도록 열어 줍니다. 우리는 고요한 마음에서, 엘리야의 마음처럼 하느님에 의해 깨끗하게 정화된 마음에서 그분을 경험합니다.

예수님, 모세, 엘리야를 둘러쌌던 광채의 경험은 예수님의 세 제자도 변화시킵니다. 일부 성경학자들은 제자들이 잠들어 있었다고 이 구절을 번역합니다. 그들이 잠에 빠졌다가 깨어나서 빛으로 싸인 세 사람을 보았다고 말이지요. 하지만 우리가 그리스어 원문을 주의 깊게 읽어 보면 그들은 잠들어 있었던 것이 아니라 "잠 때문에 괴로운" 상태였습니다. 그렇지만 그들은 깨어 있었습니다. 개신교의 신약성경 학자인 프랑수아 보봉은 이렇게 해석합니다. "그들의 상태는 잠에 빠져 있거나 깨어 있는 것이 아닌 '제2의' 의식이라고 묘사할 수 있다. 예를 들어, 성경에서 아브라함(창세 15,12)과 다니엘(다니 8,18; 10,9)이 하느님과 대화를 나눌 때의 상태다"(Bovon, *Lukas III/1*, 498).

따라서 그것은 황홀한 상태, 우리가 신비로운 광경을 목격할 수 있게 하는 일종의 지친 상태입니다. 베드로는 이런 신비로운 체험에 감탄하며 초막 세 개를 짓고 싶다는 반응을 보입니다. 이 경이로운 체험을 놓치고 싶지 않았기 때문입니다. 하지만 하느님 체험이 계속되어 구름이 일더니 그들을 뒤덮습니다. 구름은 하느님 현존의 징표입니다. 하느님은 낮 동안 이집트에서 탈출한 이스라엘 백성을 구름으로 앞장서 가셨습니다. 구름으로 들어가는 것은 하느님 현존을 직접 몸으로 체험하는 것을 뜻합니다. 제자들은 두려워하지만, 걱정이나 무서움은 아니었습니다. 두려움은 강렬한 하느님 체험의 표현입니다. 하느님은 바로 나의 마음을 끌어당기는 '매혹'(Faszinosum)일 뿐 아니라 뼛속까지 파고들어 나를 압도하는 '두려움'(Tremendum)이시기도 합니다. 그것은 하느님은 나와는 완전히 다른 분임을 보여 주는 강렬한 체험입니다. 제자들은 구름 속에서 하느님의 음성을 듣습니다. "이는 내가 선택한 아들이니 너희는 그의 말을 들어라." 모세가 시나이산에서 하느님을 체험하고 그분의 음성을 들었던 것처럼, 이제 제자들은 변모의 산에서 하느님의 영광이 예수님 안에서 빛나고 예수님을 통해 하느님께서 몸소 그들 가운데 현존하신다는 것을 경험하게 되었습니다.

묵상

상상해 봅시다. 예수님께서 당신에게 함께 산에 오르자고 하십니다. 당신은 친구 두 명을 데려갈 수 있습니다. 누구를 데려갈지 생각해 봅시다. 그런 다음 침묵 속에서 예수님과 함께 산에 오릅니다. 예수님이 앞장서 가시고 당신은 두 친구와 함께 그 뒤를 따릅니다. 지금 걷고 있는 숲속을 잘 보세요. 그러다가 빛이 비치며 작은 봉우리가 보입니다. 그 봉우리로 예수님이 올라가십니다. 정상에 도착했을 때, 예수님이 앉으시며 당신 주위에 둥글게 모여 앉으라고 하십니다. 그러고는 함께 묵상합니다. 갑자기 당신은 사랑과 온화함이 가득한 다정하고 빛나는 얼굴을 한 예수님의 참모습을 봅니다. 그때 예수님은 당신에게 세 가지 질문을 해 보라고 하십니다. 예수님에게 어떤 질문을 할지 생각해 보세요. 그분께 첫 번째 질문을 한 뒤 침묵 속에서 이 질문에 대한 답이 당신 내면에 있는지 귀를 기울여 보십시오. 당신이 직접 답을 하는 것에 걱정할 필요가 없습니다. 그에 대한 답으로 당신 안에서 일어나는 것을 그저 신뢰하십시오. 그러고 나서 두 번째 질문을 던지고, 어떤 답이 당신 안에서 나오는지 다시 기다리십시오. 그런 다음 다시 한번 생각해 보세요. '예수님에게 묻고 싶은 세 번째 질문은 무엇인가? 내가 정말 알고 싶은 것은 무엇인가? 내게 중요한 것은 무엇인가?' 이제 세 번째 질문을 한 뒤 다시 침묵하며 여러분 내면에서 올라오는 답을 기다리십시오. 이 세 가지 답을 당신 마음속 보물 상자에 담아 두고 간직하십시오. 예수님 앞에 절을 합니다. 이제 예수님이 일어나시고 당신도 그분을 따라 침묵 속에서 골짜기로 내려간다고 상상해 보세요. 당신 자신에게 말하십시오. '이 세 가지 답을 가지고 이제 나는 일상으로 돌아간다. 내 마음속의 세 가지 답을 생각할 때 일상은 어떻게 변할까? 어떤 기분으로 나는 일상으로 돌아가게 될까? 내가 내 영혼 속의 답을 가지고 내 가족에게, 내 일터에 가고, 다른 사람들과 만나면 내 일상이 어떻게 변할까?'

○

의
식

영광스러운 변모의 복음을 봉독하는 사순 제2주일에 저만의 의식을 치릅니다. 이 의식은 에르하르트 캐스트너의 『거룩한 아토스산의 세만트론』의 한 구절을 읽고 영향을 받은 것입니다. 당신에게도 이 의식을 권하고 싶습니다. 캐스트너는 이렇게 쓰고 있습니다.

 "변모는 아주 일반적이고, 평범한 상황에서 모든 사람이 경험할 수 있다. 그러니 경험해 보라. 실재가 환영을 뚫고, 살아 있는 것이 허깨비를 뚫는 것, 사랑이 미움을 뚫는 것 그리고 오래 기다린 이가 오는 것이 변모라면, 우리 모두는 이런 순간 때문에 살아간다는 것을 안다. 변모는 원형이 뚫고 나와 빛을 발하는 것이다. 태어난 모든 사람은 이런 변모를 희망한다. 우리는 변모를 위해 살며, 그 외 다른 이유가 있지 않다. 그것이 우리의 천부적인 희망이기 때문이다. 비록 그것이 일회적이고 우리의 한정된 감각 기관으로 경험하는 일차원적이고 낮은 단계라고 할지라도 말이다. 어떤 사람, 어떤 고향, 어떤 단어, 솔직하게 털어놓은 어떤 말, 어떤 시간이 우리를 변화시킬 때, 적어도 우리는 변모가 무엇인지 알 수 있다. 또 어디에서 실마리를 찾을 수 있을까? 그리스인들이 변모 이야기를 그렇게 좋아하는 것은 삶을 신뢰하는 성향에서다. 변모는 우리 경험의 일부며, 우리 삶의 일부다. 삶은 그것과 함께 시작된다. 사랑의 눈빛만이 변모의 힘을 지닌다는 것을 모두가 알고 있다"(Kästner, 25 이하).

이 글을 그저 당신 안에 담으십시오. 그러면 이 글이 당신을 깊은 내면의 고요로 이끌 것입니다. 아마도 그때가 당신에게 변모의 순간이 될 것입니다.

눈의 조명

루카 11,33-36

이 성경 본문은 등불을 함지 아래 숨겨서는 안 된다는 금언에 관한 이야기입니다. 마태오 복음사가는 예수님의 이 말씀을 윤리적인 맥락으로 해석했습니다. 즉, 우리의 착한 행실로 우리 안에서 나온 빛을 사람들이 보도록 해야 한다고 생각했지요(마태 5,16 참조). 이와 달리 루카 복음사가는 신비주의 맥락에서, 우리의 눈과 몸에서 빛이 발산되어야 한다고 해석합니다. 여기서 핵심은 그 사람 자체에서 발산되는 빛입니다. 이 빛은 그의 존재, 말, 행동을 통해 드러납니다.

루카 복음사가는 "몸의 등불은 당신의 눈입니다"(루카 11,34)라고 표현합니다. 이 말은 그리스철학의 영향을 받은 것입니다. 스토아철학은 눈을 세상 안에서 빛을 내는 등불로 이해합니다.

엠페도클레스는 겨울밤 밖으로 나가 어두움 속에

서도 볼 수 있도록 횃불로 무장한 사람의 비유를 들며 눈을 그런 등불이라고 설명합니다. 플라톤은 눈에서 나오는 빛을 태양 광선과 연결시킵니다. 눈은 태양 광선을 받아 환한 빛을 발산한다고 말합니다.

루카 복음의 말씀을 그리스철학의 이러한 사상으로 해석해 보면 그 말씀은 나에게 다음과 같은 뜻입니다. 눈이 맑을 때만, 꾸밈없고, 부정적 영향으로 흐려지지 않을 때만 환한 빛을 내는 좋은 등불이 될 수 있습니다. 눈이 맑으면, 온몸도 환해집니다.

이런 연관 관계를 어떻게 이해해야 할까요? 눈은 우리가 세상을 볼 수 있도록 세상으로 광선을 보낼 뿐 아니라 내면으로, 몸속으로, 영혼으로 광선을 보냅니다. 하지만 눈은 태양 광선을 받습니다. 그리스도인들에게 그리스도는 태양입니다. 우리가 그리스도의 빛으로 내면을, 몸속을, 영혼 깊은 곳을 들여다볼 때, 우리 안 모든 것을 그리스도의 빛으로 환하게 비출 때, 온몸이 환하고 선명한 빛을 발산합니다.

"눈이 흐릴 때 당신의 몸도 어둡습니다"(루카 11,34). 우리는 부정적인 기운을 뿜는 사람들을 알고 있습니다. 이런 기운은 얼굴에서 드러납니다. 그 사람 안에 자리 잡은 욕망이나 불안함, 불편함을 느낍니다. 어떤 눈빛은 상대방을 찌르고, 제압하려 하며, 발가벗기고, 웃음거리로 만들려 하는 것 같습니다. 우리는 눈과 몸이 하나라고 느낍니다.

예수님이 말씀하시듯이, 우리는 우리 안에 있는 빛이 어둠이 되지 않도록 노력해야 합니다. 예수님 자신이 빛이십니다. 그리고 이 빛은 우리 안에서 빛나고 있습니다. 하지만 우리의 악함, 탐욕, 모든 것을 지배하려는 욕망이 빛을 가려 어둡게 할 수 있습니다.

예수님이 우리에게 하시는 말씀을 통해 그리스도의 빛이 우리 안에서 빛납니다. 그 빛은 우리가 깊은 신비를 체험할 때 우리 안에서 타오르는 내면의 빛이기도 합니다. 그러나 우리의 육신과 영혼의 모든 어두운 부분에 그리스도의 빛을 비추어야만 이 신비로운 경험을 할 수 있습니다. 자신의 내면을 들여다보면 보고 싶지 않은 것들이 있어서 닫아 놓았던 방을 발견할 때가 있습니다. 우리를 억압했던 모든 것을 집어넣었던 공간입니다. 그 방이 우리의 어두운 측면입니다.

하지만 우리가 보지 않는다고, 우리가 불을 밝혀 비추지 않는다고 그 방이 사라지는 것은 아닙니다. 오히려 그 방문을 잠그려고 우리 에너지를 허비할 것입니다.

예수님의 빛이 우리 내면의 눈을 통해 우리 육신과 영혼의 모든 영역을 비추도록 하는 것이 우리의 사명입니다. 우리 안의 모든 것이 빛으로 환해져야 몸에서 빛이 나고 건강해집니다. 그러면 우리 안에는 더는 어두운 부분이 없을 것이며, 우리를 둘러싼 모든 것이 밝아질 것입니다. 우리 자신, 우리 눈, 우리 몸 전체가 빛으로 둘러싸여서 환한 빛을 우리 주변으로 발산할 것입니다. 우리는 우리 안과 밖을 빛으로 밝게 비추는 등불과 같은 존재가 될 것입니다.

이 성경 본문에서 예수님이 묘사하신 내용은 우리의 경험과 일치합니다. 왜냐하면, 우리 각자는 아마도 밝은 빛을 내뿜는 사람들을 알고 있을 것이기 때문입니다. 그 사람들과 함께 있는 것만으로 기분이 좋습니다. 그렇지 않은 사람들과 있을 때는 편안함을 느낄 수 없습니다. 그런 사람들은 어두운 기운을 내뿜기 때문입니다. 그게 무엇인지는 정확하게 말로 표현할 수 없어서 그저 이렇게 말합니다. "그 사람과 있으면 뭔가 좋지 않아. 그 사람에게서 뭔가 불편하고, 불분명하고, 음침한 기운이 풍겨."

우리가 내뿜는 기운을 우리가 쉽게 바꿀 수 없습니다. 하지만 예수님은 이 성경 말씀을 통해 우리가 자기 빛을 더욱 환히 밝히도록 노력할 수 있음을 보여주십니다. 우리의 사명은 내면의 눈으로 우리 안에 있는 모든 것을 환히 비추고, 예수님의 빛이 모든 것에 스며들도록 하는 것입니다. 그런 다음 이 눈으로 주변 사람들을 바라보아야 합니다. 그러면 우리는 사람들에게 선함, 사랑스러움, 빛을 발산할 수 있습니다.

묵상

앉거나 원하는 경우 누워도 됩니다. 눈을 감으십시오. 그런 다음 내면의 눈으로 당신 몸속을 들여다보세요. 얼굴부터 시작하세요. 예수님의 빛이 당신의 얼굴로 흘러들어 안에서부터 빛나게 하십시오.

그런 다음 목을 들여다봅니다. 목을 조르는 걱정거리가 있습니까? 아니면 너무 참아서 목이 타고 아픕니까? 모든 것이 해결되고 걱정이 신뢰로 바뀌도록 예수님의 빛이 흘러들어 가게 하십시오.

이제 어깨에 주의를 기울여 봅시다. 뭔가 위축되고 경직되어 있지는 않은지 자세히 느껴 보세요. 당신 눈에서 나온 빛이 어깨로 흘러들어 긴장이 풀어지게 합니다. 그런 다음 가슴 부분을 느끼십시오. 그 속에서 예수님의 사랑이 당신 심장으로 흘러들어 그 빛에서 발산되는 따사로움을 느껴 보십시오.

계속해서 복부로 내려갑니다. 이때 스스로에게 다음과 같이 물어볼 수 있습니다. '내 안에 응어리진 게 있는가? 케케묵은 갈등이나 억울함을 안고 살고 있는가?' 바로 이 부분에 당신 눈의 빛이 스며들도록 하십시오. 그런 다음 생식기 부분으로 이동해서 거기도 그리스도의 빛이 스며들도록 하십시오. 모든 곳이 그분의 사랑으로 꽉 차게 말입니다.

그런 다음 다리로 시선을 옮기십시오. 내면의 눈에서 나온 빛이 허벅지, 무릎, 종아리, 발까지 흐르도록 해서, 당신 안에 모든 것이 밝게 빛나도록 합니다. 그러면 당신은 좀 더 명료해지고, 환해지며, 생기 넘치고 뭔가 달라졌다는 느낌이 들 겁니다.

○
의식

햇살이 너무 뜨겁지 않다면 밖으로 나가 햇볕을 쬐거나, 햇살이 비치는 창가에 앉습니다. 자, 눈을 감으세요. 그런 다음 태양 빛이 얼굴에서부터 온몸으로 흐르도록 합니다. 예수님의 사랑이 태양 빛으로 당신에게 쏟아져서 당신 안에 모든 것을 환히 비추고 따뜻하게 해 준다고 상상해 봅니다.

   태양 아래 한동안 앉아 있습니다. 햇빛이 당신에게 스며드는 동시에, 사랑스럽고 따사로운 분위기가 당신을 에워싸고 있습니다. 태양 아래 앉아 예수님의 사랑으로 둘러싸여 있음을, 그분 사랑이 내 안에 스며들고 있음을 느껴 봅니다.

모든 것이 빛으로 밝혀집니다

에페 5,8-14

바오로 사도의 제자가 쓴 것으로 추정되는 에페소 신자에게 보낸 서간은 그리스도인들이 빛의 자녀임을 상기하여 줍니다. 서간의 저자는 여러 악습에 얽매인 이방인과 대조하여 에페소 그리스도인들을 봅니다. 성경 본문의 표현에 따르면, 그 사람들은 어둠 속에 살고 있습니다. 그러나 그리스도인 역시 빛의 자녀라는 말에 자만할 수는 없습니다. 자기 안에 여전히 남아 있는 어두운 모든 것을 밖으로 드러내고 빛으로 밝히는 것이 그리스도인의 사명입니다.

그러므로 그리스도인이 주변 사람들을 무시할 근거는 없습니다. 다른 사람 안에서 느껴지는 그 어두움이 자신 안에도 자리 잡고 있기 때문입니다. 예수 그리스도의 빛 앞에서 모든 어둠을 드러내고 그분 빛으로 가득 채우는 게 중요합니다. 그리하면 어둠 자체가 빛, 곧 빛의 원천이 됩니다. 이 말의 이면에는 우리 삶에 대한 낙관적인 시각이 깔려 있습니다. 하지만 어둡고 감춰진 모든 것을 밖으로 드러내어 빛으로 비추는 일은 유쾌하지 않습니다. 우리 안에 은밀히 숨겨진 파괴적이고 혼란스러운 생각과 감정이 부끄러울 때가 있기 때문입니다. 이 모든 것을 드러내려면 겸손하고 정직해야 합니다. 하지만 우리가 용기를 내고 예수님의 빛에 드러내면, 드러난 것 그 자체, 이를테면 우리의 약점과 욕정은 빛이 되어 온몸에서 빛이 날 것입니다. 이제 우리 안에는 어두운 것이 없기 때문입니다. 그리스도의 빛이 모든 것에 스며들었습니다.

에페소 신자들에게 보낸 서간의 이 구절은 "잠자는 사람아, 깨어나라. 죽은 이들 가운데서 일어나라. 그대 위에 그리스도 빛나시리라"라는 세 줄의 짧은 시로 끝납니다. 이 시는 초기 그리스도교 세례식에서 유래한 것이 분명합니다. 그러나 이 서간에서는 이미 세례를 받은 그리스도인에게 약속되었습니다.

우선 잠에서 깨어나야 한다고 말합니다. 잠은 영지주의에서 매우 자주 언급되는 이미지였습니다. 그리스도교 외부뿐 아니라 교회 내부에서도 그 사상을 신봉하는 자가 많았습니다. 이 사상은 하느님을 더 깊게 인식하고 깨닫는 것이 중요했습니다.

초기 교부들, 특히 알렉산드리아의 클레멘스(150년~215년)와 오리게네스(185년~254년)는 이 사상에 대응하여 그리스도인을 진정한 영지자, 그리스도의 빛으로 참으로 깨달은 자라고 묘사했습니다. 교부들은 많은 사람이 잠들어 있는 상태라는 개념을 받아들입니다. 우리 모두는 항상 잠들 위험에 처해 있습니다. 우리가 삶에 대해 만든 환상을 통해 스스로 일종의 최면 상태에 빠질 위험이 있다는 생각이었습니다.

그리스도께서는 우리를 깨우십니다. 그리고 그분은 죽은 자들 가운데서 일어나라고 부르십니다. 세례를 받기 전에는 우리가 죽음의 잠을 자고 있었지만, 세례를 통해 그리스도인이 된 우리는 이미 죽음에서 일으켜졌습니다. 그런데 우리는 이 사실을 다시 망각해 버릴 위험에 처해 있습니다. 그래서 이 시는 그리스도인에게 그들이 이미 죽음의 잠에서 깨어났다는 것을 상기하라고 촉구합니다. 그리스도인이 이를 기억하면, 하늘의 별이 새로 빛나듯 그리스도께서 그들 위에 빛나실 것입니다.

묵상

앉아서 당신 안에 있는 어두운 것, 숨겨진 것, 당신이 억눌러 온 것, 당신이 보고 싶지 않은 것이 당신 안에서 올라온다고 상상해 보십시오. 그것들을 그리스도께 드러내 보입니다. 숨겨지고 감춰진 것 전부를 그분에게 보이세요. 그리고 그분이 그분의 빛으로 그것들을 온전히 채우시도록 그분께 맡깁니다. 한동안 그렇게 한 뒤에 다음을 상상해 보십시오. '이제 내 안에 있던 모든 것이 빛이 되었다. 나는 나 자신을 알고, 나의 심연과 제어되지 않은 열정을 안다. 하지만 나는 이 모든 것이 그리스도의 빛으로 밝혀진다고 믿는다. 이제 내가 빛이 되어도 된다. 나는 나의 한계와 죄를 알며, 겸손하게 이 모든 것을 감사하게 받아들일 뿐이다.'

이 빛의 이미지를 내 안에 스며들도록 하면, 내 잘못이 더는 나 자신을 괴롭히지 않을 것입니다. 나는 오히려 그리스도께서 모든 것을 밝게 비추실 것이라고 믿습니다. 나는 이것을 하느님의 은총으로 감사하게 받아들일 수 있습니다.

◯

**의
식**

그룹을 지어 피정하거나, 성경 본문을 함께 읽고 나누기 위해 주중에 만날 경우, 다음의 의식을 치를 수 있습니다. 이때 지도자는 피정에 동반하며 우선 무엇을 해야 하는지 설명해야 합니다.

먼저 짝을 정합니다. 서로 1미터 정도 떨어져 마주 보고 섭니다. 누가 먼저 눈을 감을지 정합니다. 눈을 감은 사람은 아무런 평가를 하지 않고 내면의 눈으로 자신을 보려고 노력합니다. 그는 내면의 눈을 통해 자기 몸에 빛을 보냅니다. 그런 다음 눈을 감은 채 그대로 서 있습니다. 이제 앞에 선 짝이 눈을 감은 상대방을 평가하지 않고 정면에서 그를 바라봅니다. 의식적으로 순수한 눈빛으로 상대방을 있는 그대로, 그 사람 자체로 바라봅니다. 그 사람 안에 있는 선함과 아름다움을 발견합니다. 눈을 감은 사람은 이 눈빛이 자신에게 들어오도록 하고, 그것을 느낍니다. 그런 다음 바라보는 사람은 오른쪽으로 몇 걸음 이동하여 상대방의 왼쪽에서 바라봅니다. 다시 상대방의 선함과 아름다움을 인식하려는 시선으로, 아무런 의도 없이 순수한 눈길로 바라봅니다. 눈을 감은 사람은 상대방이 바라보지 않은 쪽과 차이가 있는지 느껴 봅니다. 이제 바라보는 사람은 몇 걸음 더 이동해 상대방의 뒷모습을 순수한 눈으로 바라봅니다. 눈을 감은 사람은 뒤에서 보는 것이 편안한지 불편한지 느껴 봅니다. 그런 다음 바라보는 사람은 계속해서 상대방의 오른쪽을 바라보고, 마지막으로 상대방을 다시 정면에서 바라봅니다. 바라보는 사람은 순수하고 사랑스러운 시선을 받은 상대방과 어떤 경험을 했는지, 어떤 느낌이었는지 자기 내면 깊은 곳으로 들어가 봅니다.

그런 다음 눈감은 사람은 눈을 뜨고 서로를 바라봅니다. 집착하거나 상대방을 평가하지 않고, 자기 식대로 해석하지 않으며, 상대방에게 자신을 증명할 필요 없이 있는 그대로의 모습 그대로 받아들입니다. 그러고는 눈감은 사람을 바라본 사람은 이 사람의 신비 앞에 허리를 굽혀 절합니다. 이어서 두 사람은 서로의 역할을 바꿉니다. 모든 게 끝난 뒤 서로 그렇게 바라보고 시선을 받으면서 어떤 경험을 했는지 나눔의 시간을 갖습니다.

하느님이 우리에게 빛을 비추셨다

2코린 3,18과 4,5 이하

성경 해석학자 한스요제프 클라우크는 바오로 사도가 코린토 신자들에게 보낸 둘째 서간의 3장 18절을 이렇게 해석합니다. "우리는 모두 너울을 벗은 얼굴로 거울을 보듯 주님의 영광을 바라보는 가운데, 영이신 주님으로 말미암아 영광에서 영광으로 그분과 같은 모상으로 모습이 바뀌어 갑니다"(Klauck, *Konflikt und Versöhnung*, 41). 바오로 사도는 여기에서 우리 그리스도인의 실존을 설명하고 있습니다. 그는 구약성경을 통해 우리가 하느님을 직접 볼 수 없다는 것을 잘 알고 있습니다. 그러나 우리는 거울을 보듯이 예수 그리스도의 영광을 볼 수 있습니다. 이 거울을 들여다봄으로써 우리 자신도 예수 그리스도의 모습으로 변화되어 그분의 영광에 참여하게 됩니다. 이 지점에서 바오로 사도는 그 시대에 널리 사용된 '변신'이라는 이미지를 취합니다. 그는 자기 편지를 읽는 사람들이 변신을 주제로 한 로마 시인 오비디우스의 작품인 『변신 이야기』를 잘 알고 있다는 전제에서 출발합니다. 게다가 코린토 사람들 사이에서는 마법의 거울을 들여다봄으로써 인간의 변신을 기대하는 밀의 종교가 인기 있었습니다.

그리스도인인 우리는 마법의 거울을 들여다보는 게 아니라 예수 그리스도의 거울을 들여다봅니다. 그리스도를 봄으로써 우리는 그분의 광채로, 그분의 아름다움으로, 그분의 영광으로 변화됩니다. 그리스도의 모습이 우리 안에서 꼴 지어지고, 그분의 모습으로 그분의 아름다움도 형성됩니다. 이런 방법으로 우리는 하느님이 우리 각자에게 창조하신 원래의 순수한 모습과 접촉합니다. 모든 사람은 저마다 개별적인 방식으로 예수님의 고유한 모습을 반영합니다.

이 성경 구절에서 우리는 바오로 사도의 신비로운 경험이 표현된 내용을 발견합니다. 이 내용은 우리를 변화시키고 예수 그리스도의 광채로 우리를 밝게 비추는 신비로운 경험을 우리도 할 수 있는 길을 제시해 줍니다. 한스요제프 클라우크는 변신을 다음과 같이 설명합니다. "거룩한 영광의 광채가 부활하신 주님의 실존 방식을 정한다. 신자인 우리는 경이로움으로 바라보며 그분께 다가간다. 그분의 영광은 우리를 사로잡고, 멈추지 않는 역동적 과정으로 우리를 변화시킨다. 부활하신 그분께서는 신자들의 공동체 안에서 현존하시는 방식인 당신 영을 매개로 하여 우리에게 이 일을 하신다"(Klauck, *Konflikt und Versöhnung*, 42).

우리가 묵상 중에 부활하신 그리스도의 모습을 생각하면, 그분의 모습이 점점 더 깊이 우리 안에 만들어지고, 그분의 광채가 우리 안을 가득 채울 겁니다. 그러고 나면 우리 얼굴도 달라집니다. 우리는 구약성경의 모세처럼 우리 얼굴을 가릴 필요가 없습니다. 그리스도의 광채는 우리의 변화된 얼굴을 통해 우리 주변 사람들을 기쁘게 하기를 원합니다.

바오로 사도는 코린토 신자들에게 보낸 둘째 서간 4장 6절에서 비슷한 신비로운 경험을 묘사합니다. "어둠 속에서 빛이 비치라고 말씀하신 하느님께서는 친히 우리 마음속을 비추시어, 예수 그리스도의 얼굴에 드러나는 하느님의 영광을 알아보는 빛을 주셨습니다." 사도행전에 묘사되었듯이, 바오로 사도가 회심과 부르심을 경험할 때 갑자기 하늘에서 빛이 쏟아져 그를 에워싸 비추었습니다(사도 9,3 참조). 여기 코린토 신자들에게 보낸 서간에서 바오로 사도는 이 경험을 바탕으로 그 빛이 하느님이 세상을 창조하실 때 비추게 하신 빛이라고 묘사합니다. 창세기의 말씀은 다음과 같습니다. "하느님이 말씀하시기를 '빛이 생겨라' 하시자 빛이 생겼다. 하느님이 보시니 그 빛이 좋았다"(창세 1,3 이하).

바오로 사도가 회심했을 때, 이 빛이 그의 마음에 비쳤습니다. 따라서 회심은 새로운 창조와 같습니다. 하느님이 친히 개입하셔서 회심자의 마음에 빛을 비추게 하십니다. 회개는 "당신의 선하심으로 사람들을 어둠에서 빛으로 이끄시고 그들의 어두운 마음을 밝히시는"(Klauck, *Konflikt und Versöhnung*, 45) 하느님의 새로운 창조 행위입니다. 그리스도인으로서 우리의 사명은 사람들에게 예수님의 말씀을 선포하고 그들의 삶에 빛을 가져다줌으로써, 그 빛이 세상에서 빛나게 하는 것입니다. 하지만 말만으로 충분하지 않습니다. 우리가 빛을 발해서 사람들이 그 빛을 경험할 수 있어야 합니다.

묵상

집에 그리스도 이콘이 있다면, 그 앞에 조용히 앉아서 이콘을 바라보십시오. 이콘이 없으면, 인터넷에서 이미지를 검색해서 가능하면 출력하고, 여의치 않으면 모니터나 스마트폰 화면으로 봅니다.

그리스도의 형상이 당신 안에서 점점 만들어지고, 이콘에서 나오는 빛과 광채가 당신을 가득 채운다고 상상해 보십시오. 이콘 화가들은 늘 금색 배경에 그리스도를 그렸기 때문에, 우리가 이콘을 볼 때면 황금빛의 광채가 우리 안의 어두운 모든 것을 환히 비출 것입니다. 이 묵상을 통해 그리스도의 모습이 당신을 점점 더 변화시킬 것을 믿으십시오.

이콘은 당신이 변해야 한다고 요구하지 않습니다. 그저 당신이 그것을 바라볼 때 당신에게 영향을 미칠 뿐입니다. 그리고 그것은 당신을 그리스도의 빛으로 채울 뿐만 아니라, 그분의 사랑과 선함도 당신 안에 채웁니다. 바오로 사도가 말한 새로운 창조를 믿으십시오.

당신 안에 빛나는 빛은 당신 안에 있는 본연의 순수한 모습을 환히 비춥니다. 하느님은 모든 인간을 저마다 고유의 모습으로 창조하셨습니다. 우리가 그리스도의 모습을 묵상할 때, 이 본연의 순수한 모습은 그분의 광채를 통해 우리 안에서 가시화되고, 그분의 순수한 광채로 우리 안에서 빛납니다.

그리스도 이콘을 묵상하면서 당신 안에 그리스도의 모습이 점점 더 각인되고, 당신을 점점 더 깊이 변화시킨다고 믿으십시오. 하느님께서 주신 선물에 감사하며 지극히 겸손하게 그 은총을 누리십시오.

○

의
식

초를 켜고 그 앞에 앉습니다. 그런 다음 촛불이 당신 안에서도 타오르고 있다고 상상해 봅니다. 촛불은 은은한 빛으로 어두운 모든 것을 환히 밝히고 내면의 추위를 따뜻하게 합니다. 계속해서 당신 안에 성령의 불이 타오르고 있다고 상상해 봅니다. 초기 수도승들은 온전히 불이 되는 것을 영적 생활의 중요한 목표로 삼았습니다. 예수님은 친히 이렇게 말씀하십니다. "나는 세상에 불을 지르러 왔습니다. 불이 이미 타오른다면야 내가 무엇을 더 바라겠습니까!"(루카 12,49).

이 말씀에 관해 신비주의자들은, 예수님이 성령의 불, 그분 안에서 타오르는 사랑의 불이 우리 마음에서도 타오르기를 원하셨다고 해석합니다. 그러면 우리는 완전히 변화될 것입니다. 그런 뒤 우리 안에서 불이 나오고, 그 불은 우리를 둘러싼 세상을 따뜻하게 덮힐 것입니다. 초의 불꽃이 당신 내면의 고유한 불꽃에 불을 붙이고, 거룩한 사랑의 불이 당신 마음에서 나와 세상에 빛을 비춘다고 상상해 봅니다. 처음에는 당신이 앉아 있는 방, 그다음에는 당신과 함께 사는 사람들 그리고 그다음에는 당신이 사는 도시로 퍼져 나간다고 상상해 봅니다.

일치의 길

베네딕도회 수도승 시스네로스에 따르면, 일치의 길은 피정의 세 번째이자 마지막 단계입니다. 정화와 조명을 체험한 수련자는 이제 창조주와 하나가 되면서, "그분의 완전함을 기뻐하며, 오로지 그분을 기쁘게 하고 그분의 마음에 들기를 갈망합니다. 여기서 그는 그분을 찬미하고 찬양하며, 그분에 대해 놀라면서 그분의 사랑으로 완전히 불타오릅니다". 이 사랑이 자신 안에 살아 있게 하기 위해, 수련자는 온종일 짧은 기도를 반복해야 합니다. "오 주님, 제가 어찌하면 변치 않는 완전한 사랑으로 당신을 안을 수 있습니까?"

폰투스의 에바그리우스에게도 관상의 길의 목표는 사랑입니다. 그의 견해에 따르면, 이 사랑은 아파테이아*apatheia*, 즉 "마음의 순수함"에서 비롯됩니다. 욕정으로 혼란스러운 마음이 정화된 사람만이 진정 사랑할 수 있습니다. 사랑은 사람 안에 분열된 모든 것을 결합하고, 사람을 하느님과 일치하게 합니다. 플라톤과 바오로 사도가 말하는 바(1코린 13장 참조)와 비슷하게 에바그리우스는 사랑을 인간이 참여할 수 있는 신성한 힘이라고 여깁니다. 순수한 마음은 사람에게 영혼 가장 깊은 곳에 있는 신성한 사랑으로 가는 길을 열어 줍니다. 그가 이 사랑에 참여하면, 요한 복음사가가 첫째 서간에서 쓴 내용을 체험하게 됩니다. "하느님은 사랑이십니다. 사랑 안에 머무르는 사람은 하느님 안에 머물러 있고 하느님도 그 사람 안에 머물러 계십니다"(1요한 4,16). 영혼의 심연에서 흐르는 이 사랑에 잠기는 사람은 온 세상에 스며드는 하느님을 경험합니다. 그는 그분과 하나가 될 것입니다. 신비주의는 하느님과 하나가 되는 것, 하느님의 사랑이 스며든 세상과 하나가 되는 것, 하느님의 사랑에 참여하는 모든 사람과 하나가 되는 것을 뜻합니다.

신비주의란 우리 안으로 들어와 육신을 취하고자 하시는 신성한 사랑을 경험하는 것입니다. 그 사랑은 이미 우리 안에 있습니다. 이미 우리 몸속에서 흐르고 있습니다. 하지만 우리는 종종 이 사랑에서 단절됩니다. 우리가 그 사랑과 접촉하면, 우리는 자신의 참된 본성을 발견하고, 내면의 자유, 우리 자신과의 일치, 모든 사람과의 일치, 하느님과의 일치를 체험합니다. 그러면 온전한 자기가 되고 우리의 참된 본성과 일치하게 됩니다. 이런 일치는 동시에 치유이기도 합니다. 우리는 또한 우리 안에 억누르고 있던 것, 우리 자신에게서 분리된 것과도 하나가 됩니다. 분열은 당신을 아프게 합니다. 일치는 분열을 극복하고 우리에게 내면의 평화를 주고, 우리 안에 있는 모든 것과 우리 자신 간의 화해를 이루어 줍니다. 신비주의자들은 이런 일치를 우리 마음에서 그리스도가 탄생하는 것으로 묘사하곤 했습니다.

이탈리아의 정신과 의사 로베르토 아사지올리에 따르면, 우리 영혼 깊은 곳에서 탄생하는 그리스도는 "우리의 콤플렉스와 환상에서, 삶에서 맡는 다양한 역할에서, 우리가 쓰고 있는 여러 가면과 자신을 동일시하는 것에서 해방"시켜 줍니다(Assagioli, 111). 그러므로 일치를 향한 신비의 길은 질병을 일으키는 생활 방식을 치유하고 거기서 벗어나게 하는 치료의 길이 될 수밖에 없습니다.

신비주의에서 사랑은 도덕적 범주로 논의되지 않습니다. 사랑은 우리에게 사랑하도록 요구하지 않기 때문입니다. 사랑은 오히려 우리 안에서 흐르고 우리를 하느님, 모든 인간, 모든 피조물과 일치시키는 사랑의 근원으로 우리를 이끕니다. 신약성경은 이러한 신성한 사랑, 아가페, 예수님 안에서 빛을 발하고 그분과 함께 우리 안에 스며드는 순수한 사랑에 관해 거듭해서 이야기합니다. 그것은 정신과 본능, 밝음과 어둠, 강함과 약함 등 분리된 것을 하나로 결합하는 힘입니다. 그래서 사랑은 우리를 온전하게 하고, 우리 자신과 일치를 이루도록 합니다. 우리 자신과 일치를 이루는 것이 인간의 자기 됨의 목표입니다. 사랑은 많은 사람이 겪는 우리 내면의 분열을 막아 줍니다. 우리 안에 있는 모든 것에 흘러 그것을 우리 자신과 하느님과 결합하도록 만듭니다. 이때 사랑은 그 인격을 지워 버리지 않는 일치를 이루어 냅니다. 예를 들어 불교에서도 합일에 대해서 말합니다. 그러나 불교에서 말하는 것은, 인격이 투사로 인식되고 해체되어 마지막에는 우리가 합일의 토대로 들어감을 의미합니다. 그리스도교적 관념은 이와 다릅니다. 우리는 하느님과 일치하고, 모든 사람과, 모든 존재의 토대와 일치하게 되지만, 동시에 우리는 사람으로서 고유한 인격으로 남아 있습니다. 성적인 측면에서 남자와 여자의 결합과 같습니다. 두 사람은 하나가 되는 것을 받아들입니다. 하지만 각자가 독립적인 인격 그대로 남아 있습니다.

500년경에 살았던 그리스 신학자 디오니시우스 아레오파기타는 신플라톤주의의 사상과 그리스도교 교리를 결합하여 신비신학에 큰 영향을 미쳤습니다. 그는 신플라톤주의의 단일성 개념을 수도승 생활에 접목합니다. 그는 '수도승'(*monachos*)이란 단어가 '혼자 살기'(*monazein*)에서가 아니라 '일치'(*monas*)에서 유래한 것이라고 해석합니다. 따라서 수도승은 자기 안의 모든 대립을 하나로 만들어 인간의 근원적인 일치를 이루고자 하는 사람인 것입니다.

카를 구스타프 융에 따르면 인간은 양극으로 가득

차 있습니다. 인간은 보통 하나의 극에 치우쳐 삽니다. 반대편은 억압되어 그림자 속에 빠져 있습니다. 그 그림자에서 종종 사람들에게 파괴적인 영향을 미치는 것이 나옵니다. 디오니시우스에게 수도승의 목표는 자기 안에 대립하는 것 모두를 하나로 통합하는 것입니다. 그래서 수도승은 그 단어의 정의에 따르면 성공적인 자기 됨의 모습입니다. 게다가 수도승은 하느님과 하나가 되려고 애씁니다. 그가 자신과 일치를 이루고, 하느님과도 일치하면 즐겁고 평화로운 기운이 그에게서 발산됩니다. 자기 자신과도 평화롭게 지내기 때문에, 주변에게 평화를 퍼뜨립니다. 그러한 수도승 가까이에 있는 사람들도 덩달아 평화로워집니다. 그리고 사람들은 그와 마음으로 연결되어 있음을 느낍니다. 그 수도승과 하나가 된 것처럼 느낍니다. 따라서 이런 일치 상태는 결코 개인을 위한 것만은 아닙니다. 사회로 퍼집니다.

이 장에서 다시 성경 본문 네 편을 묵상하려 합니다. 신성한 사랑, 순수한 사랑이신 하느님과 하나가 되는 것에 관한 내용입니다. 그것들은 신비로운 내용

뿐 아니라 동시에 인간의 자기 됨, 온전한 자기 됨의 길 또한 제시하고 있습니다. 성경은 이런 상태를 완전함이라고 표현합니다. 이는 완벽을 의미하는 게 아니라 온전함, 완성됨, 나뉠 수 없음, 깨지지 않음, 완전한 하나가 됨을 뜻합니다. 예수님은 이것을 아름다운 비유로 설명하십니다. 하느님은 "악한 사람들에게나 선한 사람들에게나 당신의 해를 떠오르게 하시고, 의로운 사람들에게나 의롭지 못한 사람들에게나 비를 내려"(마태 5,45) 주십니다. 우리 사랑의 태양이 우리 안에 있는 모든 것을 비추게 하면, 그리고 우리 애정의 비가 우리 안에 의로운 것과 불의한 것에 내리도록 하면, 우리는 우리 자신과 하나가 됩니다. 그러면 우리 안의 모든 것이 변화되어 서로 하나가 됩니다. 동시에 우리는 모든 일치의 토대인 하느님과 함께하고 그분과 일치를 이룹니다.

카나의 혼인 잔치

요한 2,1-12

하느님과의 일치에 관해 설명하면서, 이 길에서 사랑이 얼마나 중요한지 강조하는 본문이 바로 카나의 혼인 잔치 이야기입니다. 이 구절에서는 예수님이 혼인 잔치에 가셔서 사람들과 함께 축하하는 것을 좋아하셨다는 사실 그 이상의 것을 알 수 있습니다. 이 이야기는 상징으로 가득 차 있습니다. 첫 문장부터 그런 상징이 있습니다. "사흘째 되던 날 갈릴래아의 카나에 혼인잔치가 있었는데 예수의 어머니도 거기에 계셨다"(요한 2,1).

요한 복음사가는 세례자 요한의 등장으로 복음서를 시작합니다. 이어서 세 번씩 "이튿날"이란 표현으로 단락을 시작합니다(요한 1,29; 1,35; 1,43). 요한 복음사가가 그때까지 이야기한 나흘이 지난 뒤의 사흘째 되던 날은 안식일입니다. 구약성경의 창세기에서 볼 수 있듯이 이날에 창조가 완성됩니다.

카나의 혼인 잔치는 예수 그리스도 안에서 하느님의 사람 되심을 묘사합니다. 예수님 안에서 인간은 원래 창조 때 의도되었던 대로 회복됩니다. 동시에 사흘째 되는 날은 예수님이 십자가에서 돌아가신 후 부활하신 사흘째 되는 날을 연상시킵니다. 이 이야기의 비유에 따르면, 예수님의 부활로 우리 삶은 변화되고, 말하자면 신성한 포도주로 가득 채워집니다. 예수님 안에서 하느님은 사람들과의 혼인을 축하하십니다. 남자와 여자가 하나로 결합하듯이, 예수님의 강생과 부활 안에서 사람은 하느님과 하나가 됩니다.

요한 복음사가는 이 혼인 잔치의 본질이 무엇인지를 짚어 주며 본론을 시작합니다. 포도주가 다 떨어졌습니다. 사람들은 축하 잔치를 하고 싶지만, 그럴 수 없었습니다. 여기서 포도주는 사랑을 나타냅니다. 사랑이 빠지면 혼인 잔치는 성공할 수 없습니다. 요한 복음사가는 이 비유로 혼인 잔치의 부부뿐 아니라 인간이 처한 실제의 곤궁을 표현합니다. 사람들에게 더 이상 사랑이 없습니다. 그들은 사랑할 능력이 없는 것입니다. 예수님은 사람들이 다시 사랑할 수 있도록 해 주시려고 오셨습니다.

돌로 된 물독 여섯 개만 있었습니다. 숫자 6은 불완전함을 상징합니다. 인간의 삶이 불완전하다는 것을 의미하지요. 우리 삶은 노동, 수고, 고뇌투성이입니다. 돌로 된 물독이 상징하듯 우리는 돌처럼 굳어 있습니다. 이 물독에 차 있던 물은 원래 씻기 위한 용도입니다. 집에 들어갈 때나 잔치, 식사를 함께할 때 먼저 씻는 의식은 당시 관습이었습니다. 하지만 참된 정화는 이런 옛 의식이 아닌 예수님의 강생으로 이루어집니다. 그분 안에서 하느님이 인간을 정화하시고, 원래의 아름다움을 복원하십니다.

이 혼인 잔치에는 예수님의 어머니도 함께 계셨습니다. 성모님은 요한 복음 중 여기 예수님의 첫 기적과 십자가 아래에서 마지막 순간에 중요한 역할을 하십니다. 여기서도 아주 중요한 상징을 볼 수 있습니다. 마리아께서 변화의 기적을 일으키도록 하신다는 점입니다. 그분은 당신 아드님을 낳으심으로써 강생의 기적을 가능하게 하셨습니다. 그분은 예수님이 인간에게 오시는 문입니다. 말하자면 성모님은 사람들에게 예수님을 인도하십니다. 그분은 가장 먼저 포도주가 부족함을 알고 예수님에게 이 사실을 알려 주십니다. 여기서 우리는 성모 마리아를 '아니마'*anima*의 비유로 생각할 수 있습니다. 아니마는 우리 내면의 여성적 요소를 나타냅니다. 그분은 우리 안에 무엇이 부족한지 알아차리십니다. 심리학적 관점으로 보면 우리 안에 있는 아니마의 이러한 통찰은 모든 변화 과정의 시작입니다.

마리아께서 상황을 알리자 예수님은 어머니에게 매우 냉정하게 대답하십니다. "부인, 부인이 저와 무슨 상관이 있습니까? 아직 제 시간이 오지 않았습니다"(요한 2,4). 여기서 요한 복음사가는 예수님과 그분 어머니와의 개인적인 관계를 묘사한 게 아닙니다. 그보다는 지상의 현 존재로서 예수님이 지금 어느 위치에 있는지를 분명히 하는 게 중요합니다. "그분의 시간"은 십자가에서 영광스럽게 부활하실 때입니다. 그때가 되면 포도주가 가득할 것입니다. 그분 자신이 "인간의 마음을 즐겁게 하는"(시편 104,15) 포도주이십니다. 죽음의 순간이 찾아왔을 때 그분은 우리에게 마음을 여십니다. 그러면 우리는 거기서 흘러나오는 포도주를 마실 수 있습니다. 참된 포도주는 예수님의 열린 마음에서 나오는 하느님의 사랑이기 때문입니다. 마리아께서는 예수님의 대답을 거절로 받아들이지 않습니다. 오히려 그분은 포도주의 기적이 일어날 표징이 있기도 전에 당신 아드님을 신뢰하며, 아드님의 사랑이 낳을 변화를 믿습니다. 이와 달리 제자들은 표징이 있고 난 뒤에야 믿었습니다(요한 2,11 참조).

돌로 된 물독은 엄격한 율법주의의 경직성을, 포도주는 생동감과 즐거움, 기쁜 소식, 즉 복음을 상징합니다. 예수님의 강생을 통해 우리 삶에 새로운 맛이 생깁니다. 물로 잔치를 할 수 없습니다. 우리를 사로잡고 우리를 하느님과 하나 되게 하는 혼인 잔치에는 포도주가 필요합니다. 포도주는 언제나 사랑의 상징입니다. 사랑만이 혼인 잔치, 하느님과 하나가 되는 잔치, 서로 하나가 되는 잔치를 가능하게 합니다.

과방장에 관한 설명도 상징으로 가득합니다. "그는 그것이 어디서 났는지 알지 못했지만 물을 떠 온 시중

꾼들은 알고 있었다"(요한 2,9). '어디서 났는지'라는 출처에 대한 질문은 요한 복음의 전형적인 특징입니다. 그것은 궁극적으로 예수님과 인간의 기원에 관한 질문입니다. 그러나 예수님이 하느님 아버지에게서 오셨다는 사실을 아는 사람은 포도주의 기적 이야기를 이해하고, 복음 전체를 이해할 수 있습니다. 포도주가 어디서 났는지 아는 일꾼들은 복음의 서문을 통해 예수님이 어디서 오셨는지 아는 성경의 독자들을 나타냅니다. 그러나 어디서란 말은 독자 자신과도 관련됩니다. '인간은 어디에서 왔는가?'라는 질문을 독자에게 던지기 때문입니다. 우리는 하느님에게서 왔으며, 우리의 참된 근본은 그분에게 있습니다.

과방장의 평가가 중요합니다. "좋은 포도주를 이제까지 보관하고 있었군요"(요한 2,10). 포도주를 한껏 마시며, 하느님과 함께 혼인 잔치를 축하할 때가 예수님과 더불어 찾아왔습니다. 독자는 예수님을 통해 이 세상에 들어온 말씀으로 삶이 그분을 통해 새로운 맛을 얻었음을 알아차려야 합니다.

요한 복음사가는 이 기적을 첫 번째 표징이라고 부

릅니다. 일곱 가지 표징이 요한 복음에서 묘사됩니다. 공관복음서, 즉 다른 세 복음서에는 예수님의 기적들이 그리스어로 '뒤나미스'*dynamis*, 즉 변화를 일으키는 힘이라고 묘사됩니다. 이와 달리 요한 복음사가는 '세메이온'*semeion*, 즉 표징이라고 말합니다. 그 기적들은 예수님 안에서 환히 드러나는 하느님의 영광을 위한, 인간의 변화를 위한, 인간이 하느님과 일치를 이루기 위한 표징인 것입니다.

성경 주석학자들은 예수 그리스도 안에서 하느님의 강생에 대한 묘사로서 혼인 잔치라는 모티프가 어디서 왔을까 궁금했습니다. 그들은 기원전 2~3세기의 이른바 유다 묵시 문학에서 그들이 찾던 내용을 발견했습니다. 요한 복음사가도 자신의 독자들이 이 전통에 익숙하다고 전제할 수 있었을 테지요. 여기에는 마지막 때에 포도주가 가득 차리라는 이미지가 반복해서 나옵니다. 구원의 때가 영원한 축제의 때입니다. 예수님 안에서 구원의 때가 다다르기 시작했습니다.

20세기의 유명한 개신교 신약학자 중 한 사람인 루돌프 불트만은 디오니소스 숭배와 유사한 점을 지적

합니다. 디오니소스 축제 전날 밤, 즉 1월 5일에서 6일로 넘어가는 밤에 사람들은 그리스의 도시 엘리스의 신전 앞에 빈 항아리 세 개를 가져다 놓았는데, 다음 날 아침에 그 항아리가 포도주로 가득 찼다고 합니다. 요한 복음사가가 이런 디오니소스의 전설을 참조했는지는 불확실합니다. 하지만 1월 6일에 주님 공현을 기념한 것으로 보아, 초대교회는 이것과 관계가 전혀 없지는 않았을 것입니다. 그리고 이 축일에 카나의 혼인 잔치의 복음을 봉독했습니다. 초대교회는 환희, 도취, 변화에 대한 디오니소스적 갈망이 예수님 안에서 성취되는 것을 보았습니다. 예수님은 포기를 설교한 세례자 요한처럼 금욕주의자가 아닙니다. 그분은 충만한 삶을 가져오십니다.

디오니소스는 사랑과 성의 신이었습니다. 사람들이 열망하는 이 두 가지가 예수님 안에서 채워집니다. 그분 안에서 하느님의 사랑을 볼 수 있고, 느낄 수 있고, 마실 수 있게 되었습니다. 하느님의 사랑은 우리 삶에 새롭고 황홀한 맛을 줍니다. 프리드리히 니체가 이해했던 것처럼, 디오니소스의 대척점에 예수님이 있는 것이 아닙니다. 오히려 디오니소스의 성취, 그가 상징하는 무한한 기쁨에 대한 갈망의 성취입니다. 독일 시인 횔덜린은 디오니소스와 예수님을 함께 보려 했습니다. 사랑의 환희에 대한 갈망과 하느님의 영광과 사랑이 인간의 마음으로 흘러드는 관상에 대한 갈망입니다.

묵상

상상해 보세요. 호흡을 통해 하느님의 사랑이 당신 안으로 들어와 당신의 몸과 영혼에 가득해집니다. 하느님의 사랑이 당신 안의 모든 것에 스며듭니다. 당신 안에 있는 모든 것이 그분의 사랑으로 하느님과 하나가 됩니다. 고요함 속에서 이 하나 됨을 느껴 보십시오. 당신이 하느님과 하나일 때, 당신은 모든 피조물과도 하나입니다. 하느님의 영과 하느님의 사랑이 모든 피조물에 충만하기 때문입니다.

하느님과 하나가 되고, 모든 만물과 하나가 된다는 묵상은 당신의 자기 인식을 변화시킵니다. 당신이 진정 누구인지를 느낍니다. 당신의 존엄성을 인식합니다. 자기에 대한 이러한 인식으로부터 새로운 행동이 나옵니다. 존재가 제일 먼저입니다. 당위는 존재 다음입니다. 새로운 존재가 새로운 행동으로 표현되지 않으면, 이런 일치의 경험은 그저 자기 주위를 맴도는 자기애에 불과합니다. 일치는 존재하는 모든 것과 새로운 관계를 요구하는데, 그것은 바로 새로운 행동입니다. 그러나 이를 위해서는 항상 새로운 존재의 경험, 하느님과 하나 됨, 영혼 깊은 곳에서의 사랑의 경험이 필요합니다. 이러한 경험에서 사랑의 행동이 흘러나오기 때문입니다.

◯

의
식

혼자서 포도주 한 잔을 마셔 보세요. 피정하는 구성원들과 함께 마셔도 됩니다. 포도주를 마신다는 것을 의식하면서 아주 천천히 마십니다. 첫 모금을 입에 머금고 잠시 그 맛을 느껴 봅니다. 사랑의 맛을 느껴 봅니다. 자연 환경으로 인한 포도주의 독특한 향미도 느껴 봅니다. 포도주마다 향미가 다릅니다. 그런 다음 한 모금을 천천히 목구멍으로 흘러내리도록 합니다. 포도주가 온몸에 어떻게 퍼져나가는지, 모든 것과 어떻게 연결되는지 느껴 봅니다. 그룹의 다른 사람을 느껴 봅니다. 침묵 중에 함께 마시는 포도주가 모두를 하나로 연결합니다.

   중세의 여성 신비주의는 우리가 성체성사에서 누릴 수 있는 '하느님의 감미로움'(dulcedo dei)에 관해 이야기합니다. 이 감미롭고 즐거운 하느님의 맛은 우리를 하나로 결합합니다. 즐거운 일치를 이뤄 냅니다. 함께 조용히 천천히 한 모금씩 마십니다. 포도주가 점점 당신 자신 안의 경계, 서로 간의 경계를 허물어뜨려 당신 자신과, 다른 이들과, 궁극적으로 하느님과 하나가 되는 것을 느낍니다. 하느님의 사랑이 포도주로 당신에게 스며들어 서로 하나가 되는 것을 느껴 보세요.

하나가 되는 식사

루카 14,15-24

고대 사람들에게 식사를 함께한다는 것은 특별히 잔치의 성격을 띠었습니다. 이는 인간이 온전하게 되는 것을 상징하고, 하느님과의 일치, 자기 자신과의 일치, 식사에 참여하는 다른 사람과의 일치를 나타내는 비유입니다. 따라서 식사에 초대받는다는 것은 영광입니다. 하느님이 우리 모두를 이 잔치에 초대하십니다.

하지만 모두가 이 초대에 응하는 것은 아닙니다. 이 성경 본문은 식사에 오지 않는 세 손님에 관해 이야기하고 있습니다. 그런데 이런 세 유형의 손님들을 우리 자신 안에서도 찾을 수 있습니다.

첫 번째 손님은 밭을 사서 가지 못한다고 양해를 구합니다. 밭은 재산이나 소유물을 나타냅니다. 하나가 되는 잔치에 참석해서 축하하기보다 자기 재산이 중요할 때가 있습니다. 소유는 우리를 다른 사람과 분리시키는 경향이 있습니다. 다른 사람들에게서 재산을 지켜야 한다고 생각하기 때문이죠.

두 번째 손님은 구매한 겨릿소 다섯 쌍을 부려 봐야 해서 가지 못한다고 양해를 구합니다. 겨릿소는 성공을 나타냅니다. 성공을 추구하는 사람은 온전해지는 길, 자기 됨의 길을 가야 한다는 것을 잊습니다. 그는 자신의 성공에 안주합니다. 카를 구스타프 융에 따르면, 성공적인 삶은 변화의 가장 큰 적입니다. 이런 사람은 '나는 이미 성공했으니, 모든 게 내 뜻대로 되고 있어'라고 생각하기 때문입니다. 그 사람은 온전하게 되는 식사에 참석하는 데 관심이 없습니다. 그는 필요한 것을 전부 다 가지고 있다고 생각합니다.

세 번째 손님은 결혼을 이유로 참석하지 못한다고 양해를 구합니다. 토마스 복음도 비슷한 비유를 전합니다. 거기서 세 번째 손님은 친구가 결혼식을 하는데 그 잔치를 자기가 준비해야 한다고 변명합니다. 이 변명은 우리가 때때로 하느님과의 관계보다 다른 사람과의 관계를 더 중요시한다는 것을 드러냅니다. 하느님 사랑과 이웃 사랑은 하나입니다. 하지만 우리를 하느님에게서 떼어 놓는 관계도 있습니다. 특히 우리가 다른 사람과 하느님과의 관계에 열려 있지 않고 그 관계에만 매달려 있을 때가 그렇습니다.

이 비유에서 주님은 이들의 거절에 화를 내시면서 종에게 그들 대신에 가난한 이들, 장애인들, 눈먼 이들, 다리를 저는 이들을 초대하라고 하십니다. 예수님의 이 비유는 원래 당시 사회에 대한 것이었습니다. 이스라엘 지배층이 당신의 초대, 하느님의 초대를 거절한 뒤, 그분은 가난한 이와 약자를 잔치에 참석하게 하신 것입니다. 그러나 우리는 이것을 우리 자신에 대한 상징으로 이해할 수 있습니다. 즉, 우리가 약하고 병든 바로 그 지점에서 우리는 하느님의 영에 열려 있고, 하느님과 하나 된다는 것을 의미합니다. 우리 안에 있는 모든 것, 즉 우리 안의 결핍된 것, 불완전한 것, 눈멀고 마비된 것이 하느님과 하나가 됩니다. 우리가 상처 입은 그 지점이 바로 하느님께 열려 있는 곳입니다. 하느님의 크나큰 자비 덕분에 우리 안의 모든 것, 약점과 상처도 그분과 하나가 될 수 있습니다.

이야기는 계속 이어집니다. 가난한 이, 병든 이로

도 잔칫집이 아직 가득 차지 않자, 주인은 다시 종을 보냅니다. 이제 도시 밖 큰길과 울타리 쪽으로 나가 사람들을 잔치에 데려오게 합니다. 여기서 외면상으로 예수님 또는 하느님이 유다 민족뿐 아니라 이른바 이방인이라고 하는 이스라엘 밖 민족들도 잔치에 초대하셨다는 사실이 드러납니다.

하지만 우리가 이 초대를 우리 자신에 대한 상징으로 받아들인다면 그 의미를 이렇게 해석할 수 있습니다. 우리가 우리 삶에서 체험한 모든 것뿐 아니라, 도시 밖, 즉 오늘 우리가 알고 있는 것 바깥에 있는 것들, 우리가 잊었거나 기억하고 싶지 않은 것까지 모두 하느님과 하나 되도록 초대받았다는 것입니다. 우리 자신의 모든 것을 받아들여 내적 일치를 이루는 일이 우리의 사명입니다. 우리는 우리 안에 있는 것, 우리가 살면서 경험한 그 어떤 것도 하느님과의 관계에서 배제해서는 안 됩니다. 우리 안에 있는 모든 것이 하느님과 관계를 맺을 때, 우리 자신도 하느님과 하나가 되기 때문입니다. 그리고 우리는 살면서 겪은 모든 경험으로 하느님 안에서 우리 인격을 체험합니다.

묵상

다음과 같은 상상을 하면서 이 비유를 묵상해 봅시다. 당신 영혼의 불안정한 부분, 단절된 부분, 눈 먼 부분, 바로 그곳이 하느님을 향해 열려 있습니다. 그리고 바로 그곳에서 하느님과의 일치가 이루어집니다.

당신이 살면서 겪은 좋은 일과 나쁜 일, 잘한 일과 망친 일, 성공과 실패, 아름다운 기억과 끔찍한 기억 같은 모든 일이 여러분 안에 있으며 하느님과 만남으로써 그 모든 것과 하나가 됩니다. 당신은 그 일치 속에서 당신 자신을 받아들입니다.

의식적으로 성체성사 거행을 상상할 수도 있습니다. 비유에서 이야기하는 일이 성체성사 안에서 구체적으로 일어납니다. 성체를 영할 때, 예수님이 그분의 사랑으로 당신 안에 있는 모든 것을 가득 채우십니다. 모든 것이 그분과 함께하는 잔치에 초대받았습니다.

또 다른 방법이 있습니다. 당신 혼자만 잔치에 초대받은 것이 아니라 가난한 사람들, 몸이 불편한 이들, 눈먼 이들과 다리 저는 이들, 나그네도 잔치에 초대받았다고 상상하십시오. 당신은 그들 모두와 일치를 이룹니다.

이 신비로운 일치는 당신만을 위한 특권이 아니라, 당신을 모든 이와 연결해 줍니다. 하느님과 하나가 됨으로써 이 세상의 모든 사람과도 하나가 됩니다.

이를 상상해 보면, 당신은 내면 깊이 평화를 느낍니다. 동시에 위대한 인류 가족에게 속해 있고, 하느님에게 속한다고 느낍니다. 하느님 안에서 당신은 존재하는 모든 것과 하나가 됩니다.

○

**의
식**

일치의 가장 오래된 상징은 십자가입니다. 이는 그리스도교에서만 그렇게 받아들이는 것은 아닙니다. 십자가는 모든 대립의 통합을 의미합니다. 예수님은 요한 복음에서, "내가 땅에서부터 들어 올려지게 되면 모든 사람을 내게로 이끌어 올 것입니다"(요한 12,32)라고 말씀하십니다. 예수님은 땅에서 들어 올려진 그 십자가에서 우리의 모든 대립과 차이를 껴안으십니다.

그래서 여러분을 다음과 같은 의식에 초대하고 싶습니다. 똑바로 서서 두 팔로 나를 감싸 안습니다. 그런 다음 당신 자신에게 말합니다. "십자가 위의 그리스도께서 나를 안아 주셨기 때문에, 나는 내 안의 강점과 약점, 아름다운 것과 볼품없는 것, 건강한 것과 병든 것 전부를 껴안는다. 내 안에 보이는 것, 내가 눈이 멀어 보지 못한 것을 전부 껴안는다. 내 안의 확신과 두려움, 평온과 불안, 기쁨과 슬픔, 살아 있는 것과 경직된 것, 성공과 실패, 믿음과 의심을 껴안는다."

  그러면 당신은 어떻게 하나가 되고, 어떻게 온전해지는지 느낄 겁니다. 십자가 위의 예수님이 당신 안에 있는 모든 것을 안아 주셨기 때문에, 그것들은 당신 안에 있어도 됩니다. 안긴 것은 서로 연결되어서 더 이상 서로 대립하여 싸우지 않습니다. 우리는 우리 안에 있는 모든 대립하는 것과 일치를 이룹니다. 이제는 우리 스스로가 거부한 것을 카를 구스타프 융이 말한 그림자 속으로 억누를 필요가 없습니다. 서로가 화해하여 우리 자신을 더 굳세게 하고, 우리에게 새로운 가능성과 능력을 줄 것입니다.

아버지와 아들처럼 하나가 되다

요한 17,21-23

'대사제의 기도' 가운데 일부인 이 말씀은 일반적으로 교회 일치를 바라시는 예수님의 말씀으로 받아들여집니다. 예수님의 공동체는 하나가 되어야 합니다. 오늘날 우리가 이 말씀을 읽으면, 그리스도교 교파 간의 일치와 하나의 교회에 대한 갈망을 연상합니다. 이런 시각은 합당합니다. 하지만 요한 복음의 이 본문을 그리스철학을 배경으로 읽어 보면, 이 본문을 신비적으로도 이해할 수 있습니다.

그리스어로 '하나'를 뜻하는 '토 헨'*to hen*은 그리스 철학의 중심 이념이었습니다. 기원전 5세기 철학자 파르메니데스는 모든 것의 기원이 되는 토대에 관해 말합니다. 이 하나는 불생불멸不生不滅하고 부동不動하며, 완전합니다. 헤라클레이토스는 하나란 개념을 조금 다르게 해석해서 대립들의 결합이라고 보았습니다. 그에게는 대립하는 많은 것을 모으는 공통된 하나가 로고스_logos_입니다. 로고스는 그리스어로 원래 '말'을 의미하지만, 통찰을 의미하기도 합니다. 헤라클레이토스에게 로고스는 우주 전체에 퍼져 있으면서 서로를 결합하는 세계 법칙입니다. 독일 철학자 베르너 바이어발테스는 헤라클레이토스의 로고스를 "부조화를 스스로 일치하게 만드는 보이지 않는 조화"라고 정의합니다(Beierwaltes, Hen, 447). 파르메니데스와 헤라클레이토스에게 하나는 신적인 성격을 지닙니다. 궁극적으로 신은 모든 것을 하나로 결합하는 토대이기 때문입니다.

하나에 관한 이런 철학을 플라톤이 이어받고, 플라톤의 가르침을 플로티누스가 최종적으로 신비주의 철학으로 발전시킵니다. 그에게는 고유한 본질, 하나의 토대에 도달하기 위해 이질적이고 은폐된 것을 제거하는 것이 중요합니다. "조각가가 돌 속에 숨겨진 형상을 조각해 낼 때까지 이질적이고 은폐된 것을 깎아 내는 것과 같다"(Beierwaltes, Reflexion und Einung, 12).

하나에 관한 그리스철학을 배경 삼아 예수님의 말

씀을 살펴보면, 다음과 같이 해석할 수 있습니다. 사람들은 서로 하나가 되어야 하며, 모두를 결합하는 하나의 토대를 인식해야 한다는 것입니다. 깊은 곳에서 사람들은 서로 하나입니다. 그들 모두가 하나의 토대에 바탕을 두고 있기 때문입니다. 플로티누스는 그것을 이렇게 표현합니다. "존재하는 모든 것은 하나를 통해 존재한다"(Beierwaltes, Reflexion und Einung, 22). 우리 모두는 하나를 통해 존재하므로, 우리는 서로 하나입니다. 우리 영혼 깊은 곳에서 우리는 모든 사람과 함께합니다. 이것이 예수님이 당신 제자들에게 말씀하신 하나 됨의 첫 번째 측면입니다.

두 번째 측면은 다음 말씀으로 분명해집니다. "아버지께서 제 안에 계시고 저 또한 아버지 안에 있듯이 그들 또한 우리 안에 있게 하소서"(요한 17,21). 사람이신 예수님은 아버지와 완전히 전적으로 하나이십니다. 그분은 아버지 안에 계시고 아버지는 그분 안에 계십니다. 따라서 인간 본성은 하느님 안으로 들어 올려져 하느님과 하나가 되었습니다. 이것이 예수님이 우리에게 하신 약속입니다. 우리의 인간적인 본성, 우리 몸, 우리 영혼, 우리 감정, 우리 욕정, 우리 욕구, 이 세상에서의 수고로움, 이 모든 것이 예수님을 통하여 하느님에게 통합됩니다. 우리 안의 모든 것이 한 분이신 하느님에 의해 스며들고 결합하여 하나가 된다는 사실을 깨달을 때, 우리는 우리 자신과 하나가 됩니다. 그리스 교부들의 신비주의에서 묘사되듯이, 영혼은 그 내면 속으로 들어가면서 가장 깊은 토대인 하느님에게 도달하며, 그 토대에서 영육간의 일치, 정신과 물질의 일치, 인간과 하느님의 일치를 체험합니다. 이 신비로운 일치의 경험이 사람들의 일치를 통해 펼쳐져야 합니다. 그래서 신비주의는 윤리, 존재의 당위로 이어집니다. 내면의 일치로부터 그리스도 공동체가 서로 일치해야 한다는 요구가 나옵니다. 바오로 사도는 필리피 신자들에게 보낸 서간에서 이를 "뜻을 같이하고"(2,2)라고 표현합니다.

요한 복음사가는 예수님 안에서 하느님의 강생이 우리가 하느님과 일치를 이루고, 사람들과 일치를 이루는 근거라고 봅니다. 그래서 "하늘에서 내려온 자, 곧 사람의 아들 외에는 아무도 하늘로 올라간 적이 없습니다"(요한 3,13)라고 설명합니다. 강생으로 시작되는 이런 내려옴은 예수님이 몸을 굽혀 당신 제자들의 발을 깨끗이 씻어 주시고 치유하시는 발 씻김에서 그 절정에 달합니다. 발 씻김은 십자가에서 일어나는 일을 상징하기도 합니다. 십자가에서 예수님은 사람들을 깨끗이 정화하고 치유하고 변화시키기 위해서 사람들의 어둠과 사악함 속으로 내려오십니다. 동시에 십자가는 예수님의 영광을 나타내는 표징입니다. 거기서 하느님의 광채가 나타납니다. 사랑이 증오를 이깁니다. 십자가에서 모든 것이 하느님 안으로 들어 올려졌습니다. 이 과정은 우리가 하나가 되는 과정에 대한 비유이기도 합니다. 우리는 카를 구스타프 융이 그림자라고 부른 우리 영혼의 가장 깊은 곳, 우리 안에 억눌린 모든 것이 똬리를 틀고 있는 그곳으로 예수님과 함께 내려가야 합니다. 비록 거기에 가학적이고 자학적인 경향이 존재한다고 하더라도 말입니다. 예수님은 십자가와 부활, 승천을 통해 그 모든 것을 하느님 안으로 들어 올리기 위해 우리 영혼의 심연 깊은 곳으로 내려가십니다. 그곳이 아무리 깊더라도 말입니다. 그러므로 신비의 길은 동시에 치유의 길이 됩니다. 우리 안에 있는 모든 것이 하느님께 들어 올려지고, 모든 것이 치유되고 온전해지기 때문입니다.

예수님은 다시 한번 하느님께 청하십니다. "우리가 하나인 것처럼 그들도 하나가 되게 하려는 것입니다. 제가 그들 안에 있고 아버지께서 제 안에 계십니다. 이는 그들이 완전히 하나가 되도록 하려는 것입니다"(요한 17,22 이하). 이 두 문장이 서로 연결되어 있습니다. 한 문장은 예수님이 우리 안에 계신 동시에 하느님 아버지가 예수님 안에 계시기에 일치가 일어난다는 내용입니다. 따라서 내면의 일치가 생깁니다. 다른 문장은 인간이 일치 안에서 완벽해지고 온전해지며 완전하게 된다는 내용입니다. 그리스어로는 "그들이 하나 안으로 들어가 완전해지도록"이라고 되어 있습니다. 우리는 함께 하나가 될 때 온전해집니다. 그리고 모든 것의 토대이신 한 분 하느님과 함께할 때 우리는 서로 연결됩니다.

그런 다음 그리스도인이 사랑으로 서로 하나가 되어야 한다는 것이 신비주의 체험의 결론입니다. 하느님은 사랑 자체이십니다. 그리고 하느님 안에 계신 예수님과 예수님 안에 있는 우리는 사랑 속에서 일치를 이룹니다. 사랑은 우리 삶의 토대이자 일치의 토대입니다. 우리 안에서 모든 것을 결합하는 힘으로서 존재하는 이 사랑은 이제 형제자매에 대한 태도로 실현되어야 합니다.

묵상

가만히 앉아서 눈을 감고 호흡하면서 당신 영혼 깊은 곳으로 내려가십시오. 그곳에서 하느님과 하나이고, 모든 사람, 모든 피조물과 하나라고 상상해 보십시오. 여러분의 몸도 하느님 안으로 받아들여진다고 상상해 보십시오. 모든 피조물에 하느님이 스며들어 있으며, 하느님이 모든 존재의 근원이라고 상상해 보십시오. 이 경험을 잘 설명할 수 없겠지만, 이 신비를 어느 정도 느낄 수는 있을 겁니다.

플로티누스는 이런 경험을 말로 표현할 수 없다고 생각합니다. 그저 볼 수 있을 따름입니다. 이런 내면의 빛에 대한 체험은 사막 교부들이 "내면의 불"이라고 이름 붙인 것과 일치합니다. 그것은 성령의 불로 우리 안의 모든 것을 환히 비추고 따뜻하게 합니다. 성 아우구스티누스가 이를 탁월하게 묘사합니다. "당신의 은사로 우리는 불붙고 활활 타오릅니다. 우리는 불타오르며 그렇게 나아갑니다"(Beierwaltes, Reflexion und Einung, 34).

○

의
식

십자가에서 예수님은 양팔을 벌리십니다. 교부들은 이를 예수님이 십자가 위에서 온 세상을 품고 온 우주와 하나가 되는 몸짓으로 해석합니다. 여러분도 십자가에 달리신 예수님의 몸짓을 따라 해 보세요. 똑바로 서서 팔을 옆으로 쭉 뻗고 손바닥은 정면을 향하게 합니다. 한동안 이 자세를 유지하며 다음과 같이 상상해 봅니다. '내 몸이 내 손가락에서 멈추지 않고 팔, 손과 손가락이 무한대로 확장된다. 내가 온 우주와 하나가 된다.' 개방성과 포용성을 표현하는 유명한 라틴어구가 있습니다. "인간사 중에서 내게 낯선 것은 아무것도 없다"(Nihil humanum mihi alienum). 나는 인간적인 모든 것에 공명한다는 뜻입니다. 이제 십자가 자세를 하면서 자신에게 '우주의 어떤 것도 내게 이질적인 것은 없다'라고 말해 봅니다. '나는 우주처럼 별의 먼지로 만들어졌다. 나는 인간, 동물, 식물, 물질과 하나다. 내 안에 있는 모든 것이 존재해도 된다. 내가 만지는 모든 것에 이미 예수님의 사랑이 가득 차 십자가에서 온 세상으로 퍼져 나갔기 때문이다.' 팔이 아프더라도 이 자세를 좀 더 유지합니다. 마음이 넓어지고, 자유와 존재하는 모든 것과 하나 됨을 느낄 것입니다. 행복한 경험을 누리십시오.

하나인 몸과 많은 지체

1코린 12,12-27

바오로 사도는 이 성경 본문에서 코린토 공동체의 신자들을 포함해 다른 공동체보다 더 영적이고 믿음이 강하다고 생각하는 공동체 신자들에게 경고하고자 합니다. 사도는 그들에게 공동체와 잘 어울리고 다른 사람들보다 자신을 드높이지 말라고 가르칩니다. 여기서 코린토 신자들에게 도덕적 자극을 주고 있습니다. 그런데 이렇게 훈계할 때 스토아철학의 이미지를 사용합니다. 신성한 힘인 '영'(*pneuma*)이 스며든 우주라는 이미지입니다. 온 우주는 내적으로 연결된 하나의 몸입니다. 말하자면 여기에서 우주의 모델이 설계되고 있습니다. 세네카는 이런 우주적 관점을 다음과 같이 표현합니다. "우리를 포함하는 이 전체(우주)는 하나이며 신이다. 우리는 그분의 동료이자 (하나인 큰 몸의) 지체다"(Klauck, *Der 1. Korintherbrief*, 90의 인용문).

스토아철학에서 우주는 "공감으로 장악된 거대한 몸"입니다(Conzelmann, 252). 고대 그리스 스토아학파의 대표 철학자인 에픽테토스도 이 모델을 우주적이라기보다 인간과 신의 합일 측면에서 바라보고 이해합니다. 그는 이런 말을 남겼습니다. "그대가 보는 모든 것은 신적인 것과 인간적인 것이 결합되어 있는 하나다. 우리는 거대한 몸의 지체다"(Conzelmann, 248). 이 몸이 살아 있고 평화 속에 머물도록 하느님은 우리에게 사랑을 주시고 우리가 '조화롭게' 살도록 창조하셨습니다. 라틴어에 '사교적으로 만들었다'(sociabiles fecit)라는 표현이 있습니다. '소키아빌레스'sociabiles는 '하나가 되게 하는, 함께 어울리는'이라는 뜻입니다. 로마 전통은 몸의 이미지를 정치적으로 해석하기도 합니다. 기원전 494년에 로마 귀족 메네니우스 아그리파는 성난 로마 평민들이 시위를 벌였을 때 로마를 몸과 지체에 비유하며 이들을 진정시키려고 했습니다.

바오로 사도는 몸과 지체라는 이미지의 두 측면을 받아들여 이를 코린토 신자 공동체와 관련지어 해석합니다. 세례를 통해 우리는 그리스도 몸의 지체가 됩니다. 모든 지체는 저마다 의미와 가치를 지닙니다. 그러므로 등급도 서열도 없습니다. 각 지체는 서로 연결되어서 몸을 위해 움직입니다. 그렇게 해야만 그리스도교 공동체는 지속해서 평화 속에 살며 서로를 풍요롭게 합니다.

몸을 하나로 유지하는 힘은 사랑, 배려, 공감입니다. 스토아철학은 이것들을 하나로 묶는 끈으로 묘사했습니다. 코린토 신자 공동체에서는 사회적 차이보다 은사의 차이, 즉 하느님이 개인에게 주신 능력의 차이에 더 중점을 둡니다. 코린토 신자들은 무리 짓기를 좋아하는 치명적인 약점이 있었습니다. 그 무리에는 교사들, 예언자들, 방언을 하는 사람들, 열정적인 신자들이 있었습니다. 그들은 자신이 한 몸인 교회의 지체임을 깨달아야 합니다. 모든 사람에게 각자의 의미와 사명이 있으며, 그 누구도 다른 사람보다 뛰어나거나 모자라지 않습니다.

바오로 사도는 갈라티아 신자들에게 보내는 서간에서 우리를 그리스도 몸의 지체가 되게 하는 세례의 이미지를 공동체의 역사적·태생적·사회적 차이에

적용합니다. "그리스도와 하나가 되는 세례를 받은 여러분이 누구나 그리스도를 새 옷으로 입었기 때문입니다. 이제는 유다인도 없고 그리스인도 없으며, 노예도 없고 자유인도 없으며, 남성이랄 것도 여성이랄 것도 없습니다. 여러분은 모두 그리스도 예수 안에 하나이기 때문입니다"(갈라 3,27-28).

바오로 사도에게 신자들이 한 몸을 이루는 하나라는 개념은 그가 교회를 이해하는 핵심일 뿐 아니라 그리스도인 개인을 이해하는 핵심입니다. 우리는 우리를 한 몸으로 묶어 주는 예수님의 같은 영을 받았다는 사실을 늘 의식해야 합니다. 몸 어느 한 곳이 아프면, 다른 곳도 아픕니다. 몸 어느 한 곳이 좋아지면, 다른 곳도 영향을 받습니다. 우리의 모든 것, 우리의 생각과 말과 행동에서 우리는 서로 연결되어 있습니다. 그러므로 우리는 서로에 대한 책임도 있습니다. 모든 사람은 자기 감정과 욕정뿐 아니라 자기 재능과 사랑으로 공동체를 형성해 갑니다. 그러나 상황이 좋지 않을 때 예수님의 영으로 충만해져 더욱 강해진 사람들 덕분에 우리는 힘과 에너지를 얻습니다.

묵상

당신이 살고 있는 공동체를 상상해 보십시오. 가족 공동체, 거주 공동체, 직장 공동체, 단체나 당신 나라의 사회 전체, 세계를 상상해 봅니다. 모든 사람은 모든 사람과 연결되어 있습니다. 그런데 이것은 모두가 다른 모든 사람에게 책임이 있다는 뜻이기도 합니다. 사람들을 만나는 내면의 자세에 나는 책임이 있습니다. 내가 나 자신과 평화롭게 지낼 때, 내게서 평화가 나와서 주변 공동체로 퍼집니다. 그 반대도 그렇습니다. 내가 좋지 않을 때는 내적으로 나보다 강해서 호의와 평화를 발산하는 사람들이 나를 지지해 줍니다.

몸의 이미지를 통해 바오로 사도는 우주를 하나의 몸으로 보는 스토아학파의 개념을 받아들입니다. 그래서 다음과 같이 상상할 수 있습니다. '나는 전 세계 모든 사람과 하나다. 세상이라는 몸에 사랑을 불어넣고 싶은가? 아니면 증오를 불어넣으려 하는가? 일치에 이바지하는가, 아니면 분열을 일으키는가?' 그렇다고 당신이 반드시 이바지만 해야 하는 건 아닙니다. 당신도 인류의 몸에서 무언가를 얻습니다. 당신은 다양성, 다양한 재능, 전통, 희망, 믿음, 사랑을 공유하고 있습니다. 당신은 모든 것에 소속감을 느낍니다. 그게 당신에게 좋습니다. 당신은 스위스 정신 분석학자인 페터 슐렌바움이 언급한 "모두 하나인 존재"(All-Eins-Sein)를 경험할 것입니다. 그는 '혼자 있음'(Alleinsein), '외로움'(Einsamsein)이 '모두 하나인 존재'(All-Eins-Sein)로 변화하는 것이 핵심이라고 생각합니다. 그것이 우리의 슬픔을 변화시키고 우리를 평화로 채웁니다.

○

의
식

일어나서 하루를 준비할 때 다음의 의식을 해 보길 권합니다. 당신의 감정, 기분, 당신 안에서 떠오르는 생각에 주의를 기울이십시오. 그런 다음 상상해 보십시오. '나는 지금 나를 사로잡고 있는 감정을 가지고 오늘 사람들을 만난다. 내가 어떤 마음가짐으로 하루를 시작하는가는 내 책임이다. 나는 불만과 괴로움, 비난과 분노 같은 인생의 흔적을 이 세상에 남길 수 있다. 아니면 그 반대로 사랑과 희망, 자신감과 온화함, 기쁨과 경쾌함의 흔적을 남길 수 있다.' 오늘 이 세상에 어떤 흔적을 남기고 싶은지 곰곰이 생각해 봅니다. 그리고 당신의 흔적이 사람들, 아니 우주까지 영향을 미친다는 것을 염두에 두십시오. 양자물리학에서는 우리 생각과 감정이 물질에 영향을 미친다고 말합니다. 당신 자신의 영향력을 의식한다면, 좀 더 신중하고 의식적으로 하루를 시작할 것이며, 당신이 이 세상에서 중요한 존재이며, 오늘 이 세상에 축복이 될 수 있음을 인식하면서 하루를 시작할 것입니다.

나가는 말

우리는 이 피정에서 세 가지 신비의 길을 걸었습니다. 정화의 길, 조명의 길, 일치의 길입니다. 이 길들은 서로 차례로 이어집니다만, 서로 연결되어 있기도 합니다. 우리는 이 길들을 거듭해서 다시 걷습니다. 우리가 하느님과 일치되었다고 느껴도, 우리는 계속해서 자신을 정화하고 하느님의 빛을 받아 깨달음을 얻도록 노력해야 하기 때문입니다.

베네딕도회 피정의 영적 길은 혼자 걸어야 하는 개인적인 길입니다. 자기 영혼을 정화하고, 그리스도의 빛을 받아 깨우치며, 하느님과 하나 되는 것이 핵심입니다. 그러나 이 길은 서로 함께하는 것과도 관련이 있습니다. 이미 베네딕도회 영성은 늘 공동체를 염두에 두었습니다. 이 영성은 우리가 공동의 길로 걸어가도록 이끕니다. 개인은 항상 주변의 사람들을 고려하면서 정화의 길을 걷습니다. 그는 자신의 정화되지 않은 감정들로 다른 사람을 더럽히고 분위기를 망치지 않도록 자신을 정화합니다. 그는 자기 주변을 밝히고 치유하는 빛을 발산하기 위해 조명의 길을 걷습니다. 그리고 그는 단순히 개인적인 이익을 위해서가 아니라 하느님과 일치를 누리기 위해 이 길을 갑니다. 이 길에서는 공동체뿐 아니라, 모든 사람과 모든 피조물과 일치를 이룹니다. 근본적으로 베네딕도회 영성은 공동체 영성인 동시에 생태적 영성입니다. 항상 자연과 우주 전체와의 관계를 생각하기 때문입니다.

베네딕도회 영성은 개인과 공동체, 영성과 치유, 신비적인 것과 세상적인 것, 세상으로부터의 자유와 세상일에 참여 사이의 긴장으로 특징지을 수 있습니다. 이 영성은 하느님께로 가는 정평이 난 길인 동시에 자기 자신에게 가는 길이기도 합니다. 그것은 하느님과 하나가 되도록 이끌 뿐 아니라, 전인적 인간과 자기 됨으로 이끕니다. 그리고 상처를 치유하고, 병이 될 수 있는 내면의 분열을 이겨 내는 길입니다.

게다가 베네딕도회 영성은 그 뿌리가 견고합니다.

베네딕도 성인이 반복해서 언급하는 사막 교부들의 영성과 유사하며, 실천 지향적이고 구체적인 훈련법으로 수련해 왔습니다. 그러므로 저는 성경 본문을 묵상한 뒤에 묵상거리를 제시하고, 성경이 우리에게 전해 주는 내용을 구체적으로 수련할 수 있는 의식을 권했습니다. 베네딕도회 영성은 현실을 직시하는 것도 중요하게 여겼습니다. 즉, 그 영성이 정말 올바른지, 예수님의 정신에 부합하는지, 경건한 성찰에 어울리는지 현실에서 반드시 드러나야 한다는 뜻입니다. 현실이란 다른 사람들과의 관계를 뜻하며, 일하는 방식도 가리킵니다. 사람들을 대하는 구체적인 태도와 일하는 방식에서 영성이 사람을 정말 변화시켰는지, 아니면 그저 자기중심적인 행동을 미화하는 경건함으로 오용되는지를 확인할 수 있습니다.

그러므로 저는 베네딕도회 피정에 참가하는 모든 분이 베네딕도회 영성의 긍정적인 긴장을 경험하길 바랍니다. 베네딕도회 피정은 그들을 내면에서 정화하고, 그들 안의 모든 어두운 면을 밝혀 줄 것입니다. 또한 자기 자신, 하느님, 모든 사람, 피조물과 하나가 될 수 있게 해 줄 것입니다. 그리고 여러분이 존재하는 모든 것과 연결되어 있다고 느끼기를 바랍니다. '베네딕도'란 이름에는 '축복받은 자'라는 뜻이 담겨 있습니다. 여러분이 베네딕도회 피정을 통해 새로운 방식으로 많은 사람에게 축복이 되기를 기원합니다.

참고 문헌

Assagioli, Roberto: *Psychosynthese und transpersonale Entwicklung*, Paderborn 1992.

Baraut, Dom Cipriano: *García Jiménez de Cisneros. Obras Completas*, Montserrat 1964.

Beierwaltes, Werner: Hen, in: *Reallexikon für Antike und Christentum*, Band 14, Stuttgart 1988.

—: Reflexion und Einung. Zur Mystik Plotins, in: *Grundfragen der Mystik*, herausgegeben von Werner Beierwaltes, Hans Urs von Balthasar und Alois M. Haas, Einsiedeln 1974, S. 9–36.

Bernhart, Joseph: *Philosophische Mystik des Mittelalters. Mit Schriften und Beiträgen zum Thema aus den Jahren 1912–1969*, herausgegeben von Manfred Weilauff, Weißenhorn 2000.

Bovon, François: *Das Evangelium nach Lukas, Evangelisch-Katholischer Kommentar zum Neuen Testament III, 1*,

Einsiedeln 1989; Evangelisch-Katholischer Kommentar zum Neuen Testament III, 2, Einsiedeln 1996.

[Un monje de Montserrat (s. XVI)] *Compendio breve de ejercicios espirituales* (Clásicos de espiritualidad, Band 29), herausgegeben von Javier Melloni, Madrid 2006.

Conzelmann, Hans: *Der erste Brief an die Korinther* (Meyers Kritisch-exegetischer Kommentar über das Neue Testament, Band 5, Göttingen 1969.

Evagrius Ponticus [Evagrios Pontikos]: *Capita practica ad Anatolium*, hrsg. von Jacques Paul Migne, Patrologia Graeca, Band 40, Sp. 1220–1252, Paris 1863.

Evagrius Ponticus [Evagrios Pontikos]: *Der Praktikos. Hundert Kapitel über das geistliche Leben* (Weisungen der Väter, Band 6), eingeleitet und kommentiert von Gabriel Bunge, Beuron 2. Aufl. 2008.

Evagrius Ponticus [Evagrios Pontikos]: *Über das Gebet. Tractatus de oratione* (Quellen der Spiritualität, Band 4), eingeleitet und übersetzt von John Eudes Bamberger, Münsterschwarzach, 2. Aufl. 2017.

Jiménez de Cisneros, García: *Exerzitien des geistlichen Lebens. Exercitatorio de la vida spiritual* (Quellen der Spiritualität, Band 20), herausgegeben, übersetzt und eingeleitet von Stephan Hecht, Münsterschwarzach 2021.

Kästner, Erhart: *Die Stundentrommel vom Heiligen Berg Athos* © Insel Verlag Frankfurt am Main 1974.

Klauck, Hans-Josef: *Konflikt und Versöhnung. Christsein nach dem zweiten Korintherbrief,* Würzburg 1995.

—: *Der 1. Korintherbrief* (Die Neue Echter Bibel. Kommentar zum Neuen Testament mit der Einheitsübersetzung, Band 7), Würzburg, 5. Aufl. 2009.

Maslow, Abraham: Eine Theorie der Metamotivation, in: *Psychologie in der Wende*, herausgegeben von Roger N. Walsh und Frances Vaugham, München 1985, S. 143–152.

Steinke, Johannes M.: Hat Ignatius seine Exerzitien abgeschrieben?, in: *Geist und Leben. Zeitschrift für christliche Spiritualität*, Vol. 82 (2009), S. 38–52.

Weisung der Väter, Apophthegmata Patrum, übersetzt von Bonifaz Miller (Sophia, Band 6), Trier, 8. Auflage 2009. [『사막 교부들의 금언』 베네딕다 워드 엮음, 허성석 옮김 (분도출판사 2017)]